프라하 왈츠

Prague Waltz

프라하 왈츠
Prague Waltz

박월복 시집

좋은땅

1부 프라하 왈츠

프라하 왈츠	10
천문시계	24
체스키 크룸로프	28
부다페스트	32
노이슈반슈타인 성	36
밤베르크	40
로텐부르크	44
드레스덴	47

2부 베네치아

트레비 분수	52
폼페이	56
친쿼테레	60
단테 교회	64
두오모 성당	68
베네치아	72
피렌체	75
시스티나 성당	80
나폴리	85

3부 에펠탑

에펠탑	92
개선문	95
노트르담 대성당	98
몽생미셸 수도원	102
샹젤리제 거리	106
베르사유 궁전	110
쉬농소 성	114
콩코드 광장	118
몽마르트르	124

4부 런던아이

런던아이	130
세인트 폴 대성당	134
타워 브리지	138
버킹엄 궁전	142
템스강	145
빅 벤	148
대영박물관	152
에든버러 성	156

5부 알람브라 궁전의 추억

알람브라 궁전의 추억	*160*
몬세라토 수도원	*170*
스페인 광장	*174*
그라나다	*178*
톨레도	*182*
세비야	*186*
카보다로카	*190*
파티마 대성당	*194*
콘수에그라	*197*
세고비아	*200*
마드리드	*203*

6부 산토리니

산토리니	*208*
파로스	*214*
크레타	*218*
메테오라	*222*
미코노스	*225*
아테네	*230*

블레드 호수	*235*
플리트비체	*238*
두브로브니크	*242*
자킨토스	*245*
스플리트	*248*
자그레브	*252*
자다르	*256*

7부 융프라우

인터라켄	*262*
루체른 호수	*266*
잘츠부르크	*270*
융프라우	*273*
할슈타트	*276*
비엔나	*281*
잘츠카머구트	*284*
암스테르담	*288*
빈센트 반 고흐	*292*
쉰브룬 궁전	*296*

1부

프라하 왈츠

프라하 왈츠

빛나는 보헤미아 왕국
프라하 공주님의 사랑 이야기를 듣는다네

바람은 사랑의 향기

프라하의 꽃이여
내 사랑을 받아 주오

태양은 사랑의 숨결

프라하의 진주여
나의 영혼을 받아 주오

보리수 꽃 피는 봄
프라하 공주는
블타바 왕자의 사랑 고백을 받았다네

프라하 공주님은

올리브 열매 같은 얼굴에

두 볼을 앵두같이 물들이고
사과처럼 웃으며 나를 반기네

하얀 이는 달빛 같고
동그란 이마에 붉은 입술은
석류가 말하는 것 같구나

아담한 몸매에
나비처럼 사뿐히 다가와
나의 영혼을 빼앗도다

포도알 같은 음성은
노래하는 새같이 맑고 낭랑하도다

머릿결은 봄바람 같고
봉긋한 가슴은 복숭아 같네

가느다란 허리에
온몸은 하얀 드레스를 두르고

그 뒤를 시녀들이 따르며
공주님을 돋보이게 하는구나

네 입술은 석류 한 조각 같고
네 뺨은 초승달같이 새침하고
네 유방은 둥근달 같구나

너는 첫눈에
내 맘을 빼앗도다

너의 미소는 향수보다 진하고
너의 자태는 백조보다 우아하구나

너의 입술에서 수선화가 피고
너의 손끝에서 제라늄이 피고
너의 발끝에서 에키네시아가 피는구나

너의 목소리는
샘물 솟아오르는 소리 같고

너의 웃음은 꾀꼬리 같고

너는 모습은 뒷동산의 작약 같도다

내 사랑하는 이여
내가 그대를 원하고 사랑에 빠졌나니
내 영혼이 잠드는 에덴동산이 되어 다오

그 아름다운 동산에 탐스러운 열매가 맺히면
달콤한 열매를 나눠 먹으며
끝없는 사랑을 나누리니

너는 첫눈에 내 마음을 녹여내고
너의 모습에 눈이 멀고
너의 사랑에 죽으리라

사랑하는 그대여
너의 발을 쓰다듬고
너의 볼에 입맞춤하나니

너의 눈썹은 그믐달 같고
너의 입술은 붉은 장미 같도다

너의 입술에 입맞춤하며
너의 사랑을 마시나니
사랑은 감미로운 포도주 같구나

소담한 너의 유방은 복숭아 같고
너의 마음은 추수하는 농부 같도다

어여쁘고 어여쁜 내 사랑이여

그대 허리는 항아리 같고
그대의 엉덩이는 둥근달 같구나

흰 대리석 같은 허벅지에
표주박 같은 종아리를 지나
너의 앙증맞은 두 발은 조각배로다

사랑하는 이여

우리 서로를 감싸안고
긴 밤을 짧게 보내리니

이 밤이 지나가도
우리의 사랑은 끝이 없어라

어여쁘고 어여쁜 내 사랑이여

오늘에야 그대를 만나 사랑을 얻었으니
새 삶이 시작되고
진정한 인생이 시작되었도다

면사포를 쓴 그대의 두 뺨은 복숭아요
그대의 입술은 붉은 사과로다

대리석 같은 피부에 진주 목걸이가 빛나고
검은 머리의 왕관은
우윳빛 피부를 더욱 빛나게 하는구나

나의 사랑하는 여인이여

그대의 몸에 뿌린 향수는 은빛이고
그대의 미소는 향기로 빛나는 사랑의 금빛이로다

고운 맵시에 우아한 모습은
한 송이 백합보다 더 예쁘게 빛나는구나

내 사랑하는 어여쁜 이여

그대의 초롱초롱한 눈은
밤하늘의 별빛보다 반짝이고

눈부신 모습은
푸른 하늘의 비상하는 우아한 새 같도다

여인 중에 어여쁘고 어여쁜 이여

오늘에야 내 사랑을 만나
참된 인연을 맺고 신부로 맞이하나니

아름다운 날
사랑의 맹세는 별보다 빛나고

태양보다 더 뜨겁게
그대를 영원히 지켜 주리다

날아가는 새여 즐겁게 노래하라
샘솟는 기쁨이여 사랑의 춤을 추자

나는 꿈속에서도 그를 보네

숲에서 지저귀는 새여
호수에서 춤추는 백조여
내 사랑을 맞으라
왕자님은 젊고 잘생겼나니
키가 크고 늠름하며

코는 오뚝하여 총기 있고
눈은 맑게 빛나며 지혜롭네

밝게 웃으며 다정히 내 손을 잡고
입술은 친절하고
음성은 부드럽게 말하는구나

사랑하는 그대여

그대가 안 보여 찾아봤더니

그대는 향기로운 꽃밭에서 꽃다발을 만들어
나에게 선물하는구나

그대의 모습은 달같이 아름답고 해같이 맑아
꽃동산에서도 가장 빛나고 향기롭도다

초목은 열매 맺기 위해 싹을 틔우고
꽃나무는 꽃을 피우며 피어나도다

그대 발걸음마다 맑은 바람이 함께 걷고
그대 가는 길마다 밝은 태양이 비치는구나

아름답고 눈부신 내 사랑이여

초승달 은은함도
새벽녘 별빛도
그대의 아름다움에 미치지 못하고

하늘을 나는 새도
바람에 춤추는 초목도
내 사랑하는 이의 잘생긴 얼굴을 따라가지 못하도다

사랑하는 그대가 잠시라도 안 보여도
그립고 보고 싶음에 안달하니

남자 중에 제일 잘생기고
믿음으로 변함없는 이는 그대뿐이로다

사랑하는 그대여

달빛이 내리는 밤에 너의 품에 안겨 들을 거야
나를 좋아한다는 말

별이 빛나는 밤에 너를 안고 말할 거야
너를 사랑한다고

너와 밤새 이야기를 나눌 거야
너는 어느 별에서 왔는지
나는 어느 달에서 왔는지

너의 눈을 바라보며 진실을 들을 거야
너의 입술을 바라보며 믿음을 확인할 거야

너의 가슴에 미래를 걸고
너의 손발에 행복을 걸어 볼 거야

바람이 귓불을 스치면 너의 품에 안겨 물어볼 거야
날 얼마만큼 사랑하는지

달이 지고 별이 지면 너의 품에 안겨 잠들 거야
내 사랑 다짐을 들으며

달이 뜨고 별이 뜨는 다음 날에도
사랑은 계속되고 변함없이 사랑할 거야
너의 품에 안긴 그 느낌으로 평생을 같이할 거야

사랑은 아름답고 세상은 풍요로우니
우리는 행복할 거야 영원히

별과 달이 변함없이 빛나듯
프라하 프라하여 춤춰라
다 함께 왈츠를

우리의 사랑은

밤하늘의 별이 사라진다 해도
저 태양이 빛을 잃는다 해도
영원히 빛나고

저 강물이 마르고
저 산이 닳아 없어진다 해도
우리의 사랑은 변함없으니

태양처럼 빛나는 영원한 사랑
우리의 사랑은 끝이 없어라

사랑하는 프라하 공주님
내 사랑을 받아 주오

품위 있고 예의 바르게
정중히 내게 허락을 구하니

왕자님께 귀가 멀고 눈이 멀고
사랑의 포로가 되는구나

아 이날이 오기를

손꼽아 기다리며 찾아 헤맸노라

어서 오라 내 사랑이여
꿈꾸며 기다린 나의 유일한 사랑이여

중세의 보석 아름다운 프라하여
사랑 중의 사랑이여
참되고 진실한 내 사랑이여

궁중의 정원에서
우리의 사랑은 별처럼 빛나네

분수에서 노래하는 새여
정원의 꽃과 나무들도
블타바강의 뱃사공도 사랑 노래를 부르는구나

아름답고 푸른 도나우 강물같이
영원한 사랑을 노래하자

밤은 사랑의 찬가

내 사랑을 위해
프라하의 밤이 빛나는구나

프라하 프라하여
노래하며 춤추자

보헤미아 왕국
프라하 공주와 손잡고 밤새 춤을 추자

모두들 왈츠를
다 함께 춤을

프라하 프라하여
사랑의 도시여
오 영원한 내 사랑이여

천문시계

인간의 욕망은 탐욕의 수레바퀴

어느 해 농부는
풍년을 맞아 제일 크고 탐스러운 과일을 황제에게 진상했네

농부의 피와 땀으로 얻은 열매이건만
받는 이는 고마워하지 않고 당연한 것으로 여기며
무상으로 더 많은 것을 원하며 권리인 듯 주장하네

인간의 욕망은 탐욕의 수레바퀴

왼쪽 바퀴는 욕망의 손으로
오른쪽 바퀴는 탐욕의 얼굴로

힘없고 보호막 없는 백성 위에 군림하며
감사할 줄을 모르지

천국의 문 입구에서는

앞에 서 있는 백성을 밀치고 자기 먼저 들어가려고 하고

지옥의 문 입구에서는
한 발짝이라도 더 늦게 들어가려고 백성의 등을 떠민다네

인간의 욕망은 밑 빠진 독에 물 붓기며
탐욕에 눈이 먼 수레바퀴는 멈추지 않는다네

욕망에 눈이 먼 인간은 탐욕의 도구로
탐욕에 눈이 먼 인간은 착취와 억압을 수단으로
수레바퀴를 활용하네

이생에서 보기에는
욕망과 탐욕의 인간이 잘사는 것 같지만

내세에 들어서는 순간 죗값을 치르고
최후의 심판 날에 가장 혹독한 지하의 세계인
불의 지옥으로 떨어지네

다시 인간 세상으로 환생하여 돌아오려면
지옥도 아귀도 축생도 아수라도 인간도 천상도

육도 윤회도를 거치는데

그 세월은 부지하세월이며
억겁에 억겁이 흐른 뒤에도 끝이 없으니

스스로 선한 일을 하였으면 선함을 받을 것이며
스스로 악한 일을 행하였으면 악함을 받나니

인간의 욕망과 탐욕의 수레바퀴는
신이 보시기에 좋지 않다네

어느 순간
신의 노여움을 사고 불태워지고
끝내는 지옥으로 떨어진다네

천문시계의 황금 수탉이 우는 것은
새벽이 오며 삶이 온다는 의미네

인간은 죽음 앞에서 부질없는 존재지만
삶은 계속되어야 한다는 의미지

인생은 역경에도 불구하고

살아가는 게 중요하고 살아남는 게 소중하다네

체스키 크룸로프

어느 곳에서 바라보던
블타바강 위에 떠 있는 어여쁜 한 떨기 장미

마을을 휘감아 도는 강변에
올망졸망 이어진 집들은 붉은 지붕 아래
반짝이는 보헤미아 왕국의 고도라네

중세의 모습을 재현하는 축제의 광장에서
왕족의 행차와 귀족의 행렬에
중세의 귀공자가 되어 보네

난 돌아왔네 사랑 그리워
저 아른거리는 강물
알록달록한 집들 사이로

좁은 골목길 창가에서
공주님 안녕
왕자님 안녕하며 반기네

고향을 떠나 이곳저곳을 돌아다니며
배우고 익히며 성숙했지만
마음속에 자리한 고향은 잊은 적이 없다네

먼 산을 바라보며 그리워하고
바람에 안부를 전하며
사랑하는 가족 안녕을 기원했네

태어나서 자란 곳은 사랑의 온기며
소중한 추억은 삶의 용기며 희망이네

힘들고 지쳐 쓰러질 때도 부모님 생각에 힘을 내고
절망과 아픔의 반복에도 고향을 그리며 일어선다네

달 밝은 밤
풀벌레 울음소리 애잔하고
구슬픈 노래가 들려올 때도

밝은 달에 어머니의 얼굴을 그리며
쏟아지는 달빛에 아버지 말씀을 떠올렸다네

반짝이는 별을 보며 사랑하는 형제를 생각하고
달무리 지는 밤에는 더욱 그리워지곤 했네

타향의 설움과 고단함에도
고향을 생각하면 포근해지고
부모님과 형제를 생각하며 용기를 냈다네

아 그리운 나의 고향
꿈에도 잊을 수 없고 언젠가는 되돌아가 정착하고
생을 마감할 나의 사랑하는 고향이여

어느 시대나
가장 행복한 사랑은 평민의 삶이라네

시공을 초월해 때와 장소를 가리지 않고
표현하고 포옹하며 즐길 일이네

인생의 한때
그 빛나는 영광도 순간이니

영적 확장과 내면 양식을 채우며

쉬엄쉬엄 걸어라

오늘은 그대 인생의 최고의 날이다

부다페스트

대지의 바람이
부다 왕비의 슬픔을 위로하네

슬픔에 젖은 자여
눈물을 거두고 영혼의 소리를 들으라

부다 왕궁에선 공주의 웃음이
다뉴브강에선 어부의 노 젓는 소리가 쉼 없이 흐르네

성 이슈트반 대성당에서 종이 울릴 때
어부의 요새에서 새벽 기도로 하루의 일과가 시작되네

그 먼 옛날 물을 잉태한 고도
다뉴브강을 오가는 뱃머리에 앉아
사랑 이야기를 듣는다네

부다 왕국의 뱃길에는 전설 속 사랑이 흐르고
애잔한 이야기가 귓가를 맴도네

부다 왕국의 공주가
페스트 왕자를 사랑하며 행복했던 그 어느 날

다뉴브강에서 뱃놀이 하던 왕자를 먼저 떠나보내고
평생 왕자를 그리워하며 여생을 마감했다는
슬픈 이야기를 듣는다네

구구구 구슬피 울어 대는 새여

너나 나나
사랑하는 이 그리는 마음은 다를 바 없으니
밤새워 울어 보렴

너의 울음이 그치면
너의 임이 오시겠지만
내 사랑은 날이 밝아도 돌아올 리 없으니

저 달빛이 잠들고
저 별빛이 잠들어도
나는 잠들지 못하는구나

구구구 구슬피 울어 대던 새여
너의 울음소리 들리지 않으니
너의 임이 오셨나 보다

닭 홰치는 소리에 새벽이 밝아 와도
내 사랑은 오지 않으니

나는 뜬눈으로 밤새고
새벽잠도 이루지 못하는구나

귓가의 두견 소리
날은 밝아 중천인데
내 사랑은 보이지 않으니

구슬픈 마음에 눈물짓누나

부다의 신이시여
상심한 영혼을 위로해 주시고

페스트의 신이시여
절망한 가슴에 희망을 주소서

이생의 슬픔을 어루만져 주시고
천상에서 영생을 얻고
영원한 만남을 가지게 하소서

다뉴브강 별빛 아래
슬프고도 애틋한 사랑 이야기가
강물 따라 흐르네

노이슈반슈타인 성

숲속 강가에 백조의 마을이 있었네

숲은 푸르고 물이 풍부해
그 강에서의 삶은 지상낙원이었네

그 숲에
거대한 성을 짓고 은둔하며 사는 왕이 있었네

그는 외로움과 공허함을 달래 주는
음악에 심취해 살며 은둔생활을 즐겼지

어느 봄날 이웃 나라에 사는 공주가
은둔의 왕을 보려고 숲속에 왔다네

공주는 왕을 만나려고 하였으나
그는 만나 주지 않았고
그녀는 마법에 걸려 깊은 잠에 들었네

그러던 어느 날
왕은 수수께끼처럼
강가에서 익사한 채로 발견되었다네

슬픈 소식을 전해 들은 백조들은
조문하러 가다 숲속에서 잠든 공주를 발견했네

그들은 잠든 공주의 아름다움에 반해
슬픈 눈물을 흘리며 공주를 안고 통곡했네

그러자 공주가 통곡 소리에 깨어나
왕의 죽음을 전해 들었다네

공주는 백조와 함께 은둔의 성에 도착했지만
왕은 이미 장례식을 마치고 이 세상에 없었네

공주는 슬피 울며 상심했네
눈물을 거둔 공주는
아름다운 성을 백조의 성이라 부르며 노래했네
빗방울 통통 대지를 깨우고
빗소리 톡톡 영혼을 깨우네

영롱한 풀잎에
촉촉한 나뭇잎

빗방울 통통 뎅그르르
흥겨운 대지의 노래여

땅에서 돋아난 새싹의 울림
새들의 지저귐
넓은 초원을 달리는 동물들

산천은 푸르고 생명은 아우성치네

빗방울 통통 가슴을 적시고
빗방울 톡톡 추억을 깨우네

창밖 빗소리
창가에 그리움 하나

저 빗방울 대지를 깨우듯
식은 찻잔에 어리는 얼굴

빗방울 통통
동그라미 하나 그려놓고
창가에서 그리움 한잔을 마시네

많이 좋아했었나 보다
빗방울에 떠오른 얼굴인 걸 보니

많이 사랑했었나 보다
빗방울에 눈물짓는 걸 보니

난 그대를 한 번도 본 적이 없고
그대와 이야기를 나눈 적도 없는데
그대를 향한 그리움
이는 하늘이 내려 준 사랑이었네

밤베르크

그대는 장미꽃
나는 한 마리 노랑나비

한여름 밤에 장미정원을 날아다녔죠

소도시는
중세 시대의 모습으로 축제 중이었지요

난 그 축제 기간에 장미정원에 머물며
당신을 찾아다녔죠

이 집 저 집 대문을 두드려 보고
이 골목 저 골목을 돌아다녔죠

꽃마차의 행렬과 민속의상을 입은 무희들이
행진곡에 맞춰 춤을 추었지요

나는 한 마리 나비가 되어 당신을 찾아다녔죠

산과 계곡을 지나 호숫가를
나뭇잎을 지나 하늘 높이 날아다녔죠

그 어디에도 당신은 없었죠
마지막으로 장미정원에 갔더니
그곳에서 당신은 혼자 울고 있었죠

나는 날개로 당신을 포근히 감싸안고 말했죠
사랑하는 장미여 내가 왔으니
울지 말고 웃으렴

만남과 위안은
사랑이 꽃피는 꽃동산이에요

인생은 한 송이 장미꽃
향기로운 삶이여

바람은 꽃잎을 스치며 향기를 날리네요
향기의 유혹에 벌 나비 모여들고
연인들은 사랑의 찬가를 부르네요

그리움은 재회하며 사랑을 나누는데
내 사랑은 보이지 않네요

기다림에 한숨짓고 있을 때
어디선가 들리는 구슬픈 노래
날개 잃은 당신이 장미정원에서 혼자 울고 있었죠

이젠 걱정하지 말아요 그대
당신 곁에는 내가 있어요

앞으로 당신을 간호할게요
당신의 상처가 아물고 완쾌되는 날
하늘 높이 날며 사랑을 나눠요

우리는 젊고 인생은 길잖아요
우리 앞에는 희망이 기다리고 있어요
우리는 할 수 있어요

당신과 내가 마음을 하나로 모으고
행동을 같이 한다면
우리의 꿈은 반드시 이루어질 거예요

그날을 위해 모든 고난을 이겨 내고
이 세상 끝까지 함께해요

우리 서로 격려하며 사랑을 나눠요

우리의 꿈을 위해
힘들어도 앞만 보고 걸어가요

서로 손잡고 함께한다면
우리는 반드시 승리할 거예요

로텐부르크

황금벌판에 밀 익어 가고
빨간 지붕 아래 붉은 열매 익어 가네

추수 끝나면 그대 손잡고 나들이 갈지니
구릉지는 일상의 안식이며
너른 평야는 삶의 터전이라네

우리는 기름진 땅을 만들어 가고 있네
그 땅을 일구고 작물을 키우며 추수하며 살아가네

봄에는 온갖 꽃들이 피어나고
여름에는 곡식이 자라며 열매가 익어 가네

가을에는 탐스러운 과일을 따서
황금 바구니에 행복을 담는다네

눈 내리는 겨울은 안식의 시간
사랑하는 이와 인생을 즐긴다네

아침에 소도시로 나가 맛있는 음식을 먹고
따뜻한 차를 마시며 사랑하는 그대와 즐기네

나는 행복을 가꾸는 농부
밭 갈고 풀 베며 추수하네

지상의 그 무엇도
농부의 삶보다 행복할 수 없다네

우리에게는 대지의 노래와
초원의 속삭임이 있다네

로텐부르크는
소도시의 참맛이 살아 있는
아기자기한 전원마을의 백미네

몽글몽글한 자갈길
알록달록한 파스텔톤 색채의 건물들이
휴식을 제공한다네

골목길에서 마시는 커피 한 잔에

행복이 백합같이 피어나네

향긋한 향기는 달콤한 사랑이 되고
우리는 사랑을 담는 행복의 꽃바구니라네

중세의 보석 로텐부르크에서
동화마을을 거닐며 왕족이 되어보네

어여쁜 공주님 안녕
잘생긴 왕자님 어서 오세요

중세인의 모습으로 한나절을 보내며
지나온 인생을 되돌아보네

생의 한가운데서
반나절은 과거로 회귀해서 즐기며
나머지 반은 아름다운 인생을 꿈꾼다네

소도시의 참맛을 보려는 자여
로텐부르크로 오라

드레스덴

폐허의 땅에서도 꽃 피고 열매 맺나니
그 꽃은 화려하고 열매는 달도다

인류의 전쟁은
불협화음의 상흔이며 절규의 합창이다

부조리의 수레바퀴로
파괴와 폐허를 남기고 공포의 도가니로 몰아넣지만
인간의 의지는 상흔을 치유하고 따뜻함을 감싸안는다

어느 날 새 한 마리 홀로 날아와

며칠 동안
먹지도 않고 잠도 안 자고 지저귐 없이
언덕에 망연히 앉아 있었네

한때 붉은 동산은 천상이었고
사랑하는 이들의 보금자리였네

봄이면
진달래 산수유 철쭉 연달아 피고

여름이면
녹음 짙은 숲에서 산새 지저귀고

가을 눈부신 태양 아래
알록달록 단풍이 빛나고

겨울이면
솜털 같은 눈이 온 산을 뒤덮었다네

그것은 항상 있는 것이었고
변함없이 반복되는 것으로 생각했네

어느 눈보라 치던 밤
같이 밥 먹고 함께 살던
사랑하는 새 한 마리 홀연히 세상을 떠났네
그 슬픔과 외로움을 견디지 못해
언덕을 떠나 정처 없이 유랑하던 한 마리 새는
병들고 지친 몸을 이끌고 언덕으로 되돌아왔네

허물어지고 무너진 담을 고치고
낡아 헤어진 집을 고친 후
옛날을 회상하며 새 삶을 시작했네

일상의 위대함은
포기하지 않고 다시 일어서는 것이라고
철쭉이 바람에 흔들리며 말하고 있었네

흔들리며 가는 삶
비바람 뒤에 더 강해지고 폭풍우 뒤에 순항하는 돛단배
인생은 쉼 없는 도전이라네

저 멀리
능선 위에 뭉게구름 둥실 떠가고
전원마을이 평화를 지키네

자유와 평화가 아름답게 공존하는
지성은
과거의 반성과 아픔을 치유하며 미래의 희망을 밝힌다네

2부

베네치아

트레비 분수

난 바다의 신 포세이돈이라네

정의 앞에 고요하고
진실 앞에 평온하지만

불의에 분노하고
거짓 앞에서는 노여움을 드러내며
폭풍우를 일으켜 다 쓸어버린다네

거친 바다는 불의를 징벌하는 분노의 표시네

난 바다의 신 포세이돈이라네

아름다움과 선 앞에서는 착해지고 힘을 못 쓰지
특히 트레비 분수 앞에서는 작아진다네

저기 아름다운 처녀여

전쟁에 지친 병사에게 마실 물을 주고
병사의 생명을 구한 트레비의 처녀여

우린 사랑했네
달빛 아래서

봄바람에 그대의 머릿결을 어루만지며
밤하늘의 별을 세며
사랑 노래를 불렀지

이 밤이 지나고 새벽닭이 울면
사랑하는 그대는 떠나간다네
그 멀고 험한 생사의 갈림길 운명의 전쟁터로

밤은 짧고 이별은 길다네
그대와 겨우 입맞춤했는데
그대는 떠나가네

기약 없는 슬픔이여
상처 입은 가슴이여

올리브 나무 아래서 맹세했네
그대가 돌아올 때까지 기다리겠노라고

아침 해가 밝아오고 그대는 떠나갔네

전쟁은 끝나지 않고 그대는 소식도 없네
올리브 나무 아래서 맹세한 사랑
하염없는 눈물로 희망의 편지를 기다리네

어느 날 나는 한 병사를 보았네
사랑하는 그대는 보이지 않고

전쟁에 지치고 목말라하는 어린 병사를 본 순간
우물에서 물을 떠서 그 병사에게 주었네

그 병사는 달콤하게 물을 마시며 해맑게 웃었네
그 모습을 보는 순간 사랑하는 그대가 더욱 그리워졌다네

어디서 무엇을 하고 계신지
어느 하늘 아래 살아 있는지

그리움을 가슴에 묻고

보고픔을 삭이며

오늘도 하염없이 눈물지으며 그대를 기다리네

난 바다의 신 포세이돈이라네

처녀의 아름다운 마음을 칭송하고 기리기 위해

격동하는 바다와

고요한 바다

건강과 풍요를 표현한

바로크 양식을 대표하는 걸작

트레비 분수를 조각했노라

폼페이

그 옛날
베수비오 남동쪽 사르누스강 하구에
아름다운 항구도시가 있었네

땅은 비옥하고
물자와 문물이 풍요로운 휴양도시로 유명했네

헬레니즘 문화로 황금의 시간을 보내던
어느 날 베수비오 화산 대폭발이 있었네

아름다운 도시가
불과 화산재로 뒤덮이던 폼페이 최후의 날

파도처럼 밀려오는 마그마를 피해 달아나다 죽임을 당하고
폭풍우처럼 쏟아지는 화산재를 피해 달아나 다 죽임을 당했네

넘어지고 쓰러지면서도
나는 아이를 안고 아내를 안고

부모 형제들이 서로 얼싸안은 채 화산재에 생매장 당했네

생지옥의 아비규환
죽음만이 전부였던 폼페이 최후의 날이었네

먼 후일 후세들이
그날의 참상을 발견했을 때

우리는 서로 부둥켜안은 모습으로
폼페이 최후의 날을 고증한다네

그날의 원통함 풀 길이 없고
그날의 비통함은 죽어서도 눈을 감지 못하네

세상에서 숭고하고 아름다운 것은
부모의 마음이라네

아낌없이 주고 또 주어도 아깝지 않은 위치가
부모의 자리라네
세상 어느 누가
내 목숨을 내던지고 타인의 목숨을 구하리오

배 아파 난 내 자식이기에
사랑으로 낳은 내 핏줄이기에
내 몸은 불에 태워지고 영혼은 사라져도

내 사랑하는 아이만큼을
꼭 살아나기를 바라는 염원으로 불덩이가 다가와도
부부는 아이를 몸으로 감싸며 보호한다네

내 육신이 태워지고
한 줌의 재가 되어 사라진다 해도
제발 내 아이만큼은 무사히 살아남기를 바란다네

비통하고 참혹한 현실이지만
우리 부부는 아이를 안고 온몸으로 불을 막아 본다네

신이시여
우리의 아이를 보호하소서
제발 살아남기를 간절히 기도한다네

신이시여
저희가 지은 죄가 많아 단죄한다 해도

어린양들은 푸른 풀밭에서 풀을 뜯게 하시고
목자가 인도하는 은총을 받게 하소서

믿음의 울타리는 든든한 보호막이니
초원에서 자유로이 뛰놀게 하소서

친퀘테레

하늘에는 천 개의 별이 빛나고
내 마음엔 천 개의 그리움이 있다네

나는 고기 잡는 어부
배 타고 바다로 나가 몇 날 며칠
어떤 때는 몇 달 동안 고기를 잡는다네

배 안에서 새우잠 자며
풍랑에 시달릴 때도 집에 있는 아내가 그리워
사랑의 세레나데를 부르네

벚꽃 지고 봄은 가도
사랑은 기억 속에 영롱하네

내 마음의 벚꽃이여
영원히 빛남을 기억하라

그 찬란한 벚꽃의 향연

그 영광이여

우린 사랑했네
벚나무 아래서

우린 맹세했네
벚꽃잎 손에 들고

바람에 날리는 벚꽃이여
우리의 사랑은 끝이 없으니

벚꽃 가지 바람에 흔들려도
사랑은 별처럼 초롱하네

벚꽃이여
그 봄날의 아름다움이여

사랑은 벚꽃보다 예쁘고
우리의 사랑은 믿음으로 빛나네
먼 바다에서도
만선의 깃발을 휘날리며

집으로 돌아갈 날을 기다리네

우리는 고기 잡는 어부
하늘에는 천 개의 별이 빛나고
우리의 가슴에는 천 개의 그리움이 있다네

뱃고동 힘차게 울리며 항구를 향할 때
멀리에서도 내 집이 잘 보이고
쉽게 알아볼 수 있게 대문마다 색칠해 놓았다네

빨주노초파남보 천 개의 빛깔로
알록달록한 무지갯빛 색깔로
바다에서도 내 집을 쉽게 찾을 수 있다네

오늘도 그리운 집을 향해
만선의 깃발을 휘날리며 힘찬 뱃고동 소리를 울리네

하늘에는
천 개의 별이 빛나고

우리의 가슴에는

천 개의 그리움이 있다네

대문마다 무지갯빛 색칠을 해 놓고
바다 멀리에서도

사랑하는 아내를 그리워하는
우리는 친퀘테레 어부라네

단테 교회

오월 어느 날
아버지를 따라 방문한 어느 집에서
한 소녀를 보았네

그 후 9년이 지난 후
골목길을 지나 모퉁이를 돌아설 때
운명의 만남이 다가왔네

바람처럼 인사만 건네고 돌아왔건만
꿈속에서 그녀와 함께 사랑의 신을 목격했네

심장은 고동치고
눈에 선한 모습에 넋을 잃었다네

단칼에 사랑이라 말하리
운명의 만남으로 인생이 변하리니

첫눈에 알아보았다네 내 사랑임을

스쳐 지나갈 때 강하게 끌렸다네
연분의 끈임을

내 사랑 베아트리체를 위한 사랑을 담은 시를 쓰며
지고지순한 사랑을 노래하네

순간의 만남이 평생에서 영혼까지

나는 이승에서 못다 한 사랑을 천상으로 승화시켜
내 사랑 베아트리체를 찬미하고
내 사랑 베아트리체는
내 영혼을 천국으로 인도하며 구원한다네

그대를 위한 사랑의 세레나데여
내 영혼의 노래를 받아 주오

오 나의
베아트리체여
외기러기 짝사랑이여
제라늄 봄바람에 살랑일 때
난 그대의 미소를 보았네

사랑스러운 그대는 제라늄같이
따스한 손길로 내 마음을 녹여 주네

제라늄이 지고 나면 봄도 갈 테지만
그대와 함께한 추억은 사랑이었고
그 아름다운 날들을 기억하며 잊지 않을게요

함께한 그 순간
그 느낌
그대와의 만남을 영원히 기억할게요

사랑은 짧은 순간일지라도 진실이고
추억은 순간이라도 영원할 수 있어요

사랑하는 그대여
제라늄 향기같이
내년 봄 아름다운 만남을 약속해 줘요

우리의 사랑이 진실이었다면
밤하늘에 빛나는 별보다 더 반짝이며 영원할 테니까요

영혼의 세레나데여

내 사랑 베아트리체여

두오모 성당

마리아의 손에 꽃 한 송이가 피었다

성모님의 꽃
그 꽃은 사랑의 꽃으로
피렌체는 꽃의 도시며 사랑의 성모다

그대가 꽃이 되어 나에게로 왔을 때
그 꽃은
성모의 손에 든 꽃 한 송이로 향기롭고 아름다웠다

푸른 달빛 아래
그대를 위한 사랑의 노래
찬미와 찬송을 천사가 듣고 요정이 춤췄다

천상의 노래는
그대의 꽃이 되고 사랑이 되었다

꽃은 꽃이라 부를 때 꽃이 되고

꽃의 도시 피렌체에서
영원한 사랑은 영생이 되었다

성모의 꽃
마리아의 손에 꽃 한 송이가 피었다

그 꽃은 믿음의 꽃으로
일생을 함께한 그대를 위한 꽃이다

성모 마리아의 손에 꽃 한 송이가 피었다

그 꽃은
소망의 꽃이며 영생을 꽃이다

하늘나라에서 꽃의 정원을 사랑했던 당신은
그 먼 옛날 기억을 잊지 못해 이승에서도 꽃을 좋아하나니

천성이 천사의 마음이요
행동이 요정의 마음이네
봄이면 봄꽃을 노래하고
여름엔 여름꽃에 즐거워하고

가을이면 가을꽃을 닮아 가느니
겨울엔 설국을 즐기네

꽃의 화신이며
꽃의 정령인 그대를 위해 꽃 한 송이를 드리나니

그대에게 드리는 그 꽃은 황금의 꽃으로
시간이 흘러도 변함이 없는 불멸의 사랑 꽃이로다

황금의 꽃에는 인품의 향기가 있나니
그 향기는
서로 사랑하며 살아가라 하네

전생에서 일천 겁의 인연이 닿아야
이생에서 한번 만날 수 있고

전생에서 일만 겁의 인연이 닿아야
이생에서 인연으로 맺어지나니

그 귀한 만남으로 위대한 삶을 함께하는 그대에게
감사와 축복을 전하네

마리아의 손에 꽃 한 송이가 피었다

그 꽃은 사랑의 꽃으로

피렌체는 성모의 꽃이다

베네치아

지상의 모든 색은
미의 극치며 예술의 결정체다

베네치아는 지상의 모든 색을 담고 있는
색채의 정점이며 예술의 극치다

산 마르코 광장에서 하늘을 우러르며
플로리안 카페에서 카푸치노 한잔을 마셔라

뱃머리에서 아름다움에 반했듯
마주 보고 있는 사람과 우아한 사랑에 빠지리라

생의 철학이 살아 숨 쉬고
강인한 인간의 의지가 결과로 나타난
물 위에 이루어진 역사의 혼을 담은 색채의 도시다

지상에서 가장 아름다운 물의 도시
사랑에 빠져들 수밖에 없는 미의 극치다

곤돌라는 미로를 미끄러져 가고
사공은 애절한 사랑 노래를 부르네

오 그리운 이여
그댈 찾아 머나먼 길을 따라왔네

사공의 노래가 끝나면
내 사랑을 만나리니

오 사랑의 베네치아여
그립고 아름다운 내 사랑이여

곤돌라에서 사랑 노래를 들으며
노을 지는 바다 끝을 바라보네

끝없는 사랑이 메아리치는
지상의 천국에서 사랑에 빠진다네

연인이여
사랑을 하려거든 베네치아로 오라

베네치아에 들어서는 순간
사랑에 눈이 멀고

산 마르코 광장에서 손을 잡는 순간
깊은 사랑에 빠지리라

한순간에 눈이 멀고 심장은 뛰노나니
그대의 숨결은 빛나는 파도
그대 웃음은 바람의 숨결

세상의 가장 아름다운 빛은
사랑하는 사람과 함께 하는 웃음이니

그대를 위한 사랑의 노래
그대를 향한 세레나데는 파도에 메아리치네

지상의 눈동자
베네치아는 사랑의 심장이라네

피렌체

천국을 보려거든
두오모 성당 종탑에 올라 기도하라

회개한 자에게 천국의 문이 열리나니

인간의 힘으로 갈 수 없는 곳
오직 구원받은 자만이 들어가는 문이다

광야에서 메시아를 기다리네

별똥별이 지는 동방의 하늘 아래
그 밝은 빛을 따라
베들레헴 마을에서 아기 예수를 경배하네

가난한 자는 복이 있나니
천국이 저희 것이요

모든 인간은 아담과 하와의 자손으로

원죄를 물려받은 죄인이로다

그 원죄를 구원하기 위해
그리스도가 세상에 왔노니

회개하라
그리스도가 십자가형을 받아 죽었다가
부활해서 천국에 오른 뒤 재림할 날을 기다리네

그 믿음이 있는 자만이
구원을 받아 천국에 갈 수 있다네

믿음의 도시 피렌체는
성모 마리아님의 꽃의 도시네

성령에 의해 동정녀의 몸으로 잉태하여
예수 그리스도를 낳았네

여인들 중 가장 복되신 분
원죄 없이 잉태하신 복되신 동정 마리아님
처녀가 잉태하여 아들을 낳으니

그 이름을 임마누엘이라 하리라

시인 단테가 세례를 받은 산 반조니 세례당에서
이방인도 세례를 받고 영생을 얻을지어다

우피치 미술관에서
르네상스 시대 명화도 감상하고
미켈란젤로 광장에서 야경도 담아 보라

사랑과 낭만의 피렌체가 반기리라

달빛 내린 카페에서
에스프레소 한 잔이면 족하다

커피 향에 잠긴 그대여
에티오피아 남서부 고지대에서 커피가 자생했네

어느 날 염소 목동인 칼디는
염소들이 먹던 열매를 발견하고

그 열매를 마을로 가져와 달여 마셨는데

피곤함을 덜어 주는 효능을 발견했네
그대 이름은 커피

우린 떠나왔네
그 먼 동방의 나라에서

에스프레소 한 잔을 마시기 위해
태평양을 건너 인도양을 걸쳐 아드리아해로

우피치 미술관에서
비너스 탄생을 보며 아름다움에 젖어 보라

로마 신화에서 베누스는
바다의 거품에서 태어난 사랑의 여신이네

모성과 가정생활의 여신이며
그리스 신화와 아프로디테
미켈란젤로를 만나고
단테를 볼 수 있는 곳

지상의 미를 천상의 마음으로 가꾸고

지상의 꽃을 천상의 존엄으로 만든
피렌체는 사랑과 소망의 도시네

그곳에서도 그대는 가장 아름다운 꽃
그 꽃은 찬란한 빛으로 축복의 꽃
사랑의 꽃으로 아름다움의 최정점이라네

시스티나 성당

지혜로운 자여
솔로몬의 성전을 거닐지어다

회개하는 자여 구원을 받고
기도하는 자여 영생을 얻으라

믿음이 깊은 자는
콘클라베의 흰 연기를 보리라

하느님은 천지창조 이후
최초의 인간인 아담을 만들고

아담이 잠든 사이
아담의 갈비뼈로 이브를 만드셨나니

둘이 같이 있음에 보시기에 좋았더라

에덴동산은 천국이었으나

선악과를 따 먹은 이후 인류는 죄인이 되었네

그 이후
신성한 노동의 가치와 산고의 고통으로
인류의 역사가 시작되었다네

구약시대에
모세의 기적이 일어나고

신약시대에
그리스도가 세상을 구원하러 왔네

시스티나 성당에는
미켈란젤로
라파엘로
산드로 보티첼리 등

르네상스 시대의 예술가들이
신을 경외하며 찬미하는
프레스코 벽화가 경이롭게 그려져 있다네

성당의 천장화는
구약성서와 신약성서를 대표하는 이야기를
중세 시대 대천재들은 작품을 통해 말하고 있었네

가난한 자는 복이 있나니
내 것이라 하며 너무 욕심부리지 말게
이 세상의 것을 잠시 빌려 쓰는 우리가 아닌가

빈손으로 왔다
빈손으로 가는 인생
티끌 하나라도 가지고 갈 것은 하나도 없나니

마음이야 다 내 것이고
욕심이야 다 가지고 싶어도

천상에 오를 때는 빈손
무엇 하나 가져갈 것이 없다네

살아생전 가진 게 많으면
눈을 편히 못 감고

살아생전 욕심이 많으면
죽을 때도 편안하게 죽지 못한다네

평생 가진 것 없고 욕심도 없으니
두 눈 편히 감고
영면해도 평안한 얼굴로 천상의 그 모습이네

가난한 영혼이여
내 것은 없나니 하나도 없나니

마음도 홀가분하고
두 눈 편히 감을 수 있으니
이 또한 얼마나 좋은가

내려놓고 비우시게
가난한 자는 복이 있나니
천국이 저희 것이요
성경 말씀이네

그대나 나나 빈손 인생
맑고 곱게 살다가

천상에서 웃으면서 보시게나

놓고 비우면
천상이 보일 걸세

나폴리

오렌지 나무가
끝없이 이어진 해안을 걸어가네

이곳은 지중해 번영의 상징인 아름다운 나폴리라네

피자의 본고장이며
칸초네 나폴리아타네 음악을 들으며 달달한 사랑에 빠지리라

황홀한 인생이여
건강할 때 먹고 마시고 즐길지니

건강은 건강을 부르고
행복은 행복을 부른다네

인간의 어리석음이란
건강할 때 잘 먹고 더 먹으려고 하면
절제하라고 말리면서

몸이 아플 때 맛있는 것 많이 먹으라며
음식을 권하지만
아픈 몸은 식욕이 없고 무엇을 먹어도 맛이 없다네

모든 한때고 순간이며
시기가 있는 법
그 시기에 맞게 즐기고 맛보며 누릴 일이네

마주 앉은 사람이
얼마나 소중하고 고마운 사람인지
건강할 때 우리는
당연히 있는 것으로 생각하고
감사함에 인색하네

어느 날
사랑하는 사람이 아파 쓰러지면
그때서야 깨닫고 후회한다네

조금 더 잘해 줄걸
진작 더 보살펴 줄걸

어리석은 인간이여
그 행동과 행위는 반복되고 되풀이 되나니

그 나쁜 버릇은 고쳐지지 않으며
죽어서야 없어진다네

지금 곁을 돌아보아라

곁에 있는 사람이 얼마나
고마운 사람인지

옆에 있는 사람이 얼마나
소중한 사랑인지

매사 감사하라는 말씀같이
경외하며 감사할 일이라네

조용히 다가가서
곁에 있는 사람을 살며시 안아 주세요
말없이 그냥 한번 살짝 안아 주세요

사랑은 많은 말 필요 없고
거창한 행동 필요치 않아요

마음에서 우러나는 진실된 사랑은
천 마디 말보다
신뢰성 있는 행동 하나가 감동입니다

일상의 감동을 위해 노력하는 그대는 아름다워라

항구에 내리는 어스름한 달빛
총총히 빛나는 별들이
해안가에 내려와 바닷물에 박힌다네

별들이 빛나는 밤
우리는 바닷가를 거닐며 노래하네

그 멀고 험한 바닷길에서
그대 그리워 돌아왔네

길고 긴 방황 끝내고 항구에 닻을 내리며
사랑은 나폴리 항구에 정착하네

사랑하는 그대여
그리운 나폴리여

이제 우리 기쁨의 눈물을 흘리며
얼싸안고 춤을 추나니

저 별들이 빛나듯
우리 사랑도 빛나고

항구의 바닷물이 마르지 않듯
우리의 사랑도 마르지 않네

오 사랑하는 그대여
오 사랑하는 나의 나폴리여

3부

에펠탑

에펠탑

홀로 선다는 것은 도전이며
새 발자국을 남기는 것은 역사의 이정표다

아무도 가 보지 않은 길을 먼저 가는 사람은 선각자이며
시대를 앞선다는 것은 예지이며
미래를 내다본다는 것은 용기 있는 행동이다

철탑인 에펠탑이 파리의 상징이 된 이유는
기존의 틀에서 벗어난 사고의 자유로움과
두려워하지 않는 용기의 실천이다

생각이 바뀌면 세상이 변한다

아무도 가지 않는 길
에펠탑이 유연한 생각으로 세상을 바꾸었기 때문이다

꽃 한 송이 피워
세상을 맑게 하려 했다

꽃은 세상을 맑게 하고
풍요를 더했으며
새싹 돋아 어엿한 한 그루의 나무로 자랐다

한여름 무성한 잎으로
그늘을 만들고 보금자리를 내어 주고
열매를 맺어 겨울을 준비했다

그 결실은
한겨울을 견디는 열매가 되었으며
생명 유지의 원천이 되었다

등불 하나 밝혀
세상을 밝게 하려 했다

어둠을 밝히고
희망으로 인도했다
고통도 아픔도 함께 나누며 밝은 빛을 향해 나아갔다
기쁨을 나누며
어둠이 없는 세상을 위해 한평생을 바쳤다

등불 하나가 세상을 밝히고
또 다른 등불이 어둠을 밝히면
세상은 온통 밝은 빛이 되어 행복으로 빛난다

여기에 등불 하나 밝혔나니
희망의 후세들이여

더 밝은 등불을 밝혀
어둠이 없는 밝은 세상을 밝혀 다오

꽃 한 송이를 그대들에게 선물하고
등불 하나를 건네니
밝은 세상을 만들어 주기를 바라노라

그 순서가 이번엔 당신 차례다

도전하며 성취하라
만인의 행복이 그대의 손에 달려 있다

개선문

장군보다 연인으로 살고 싶었다
전쟁터에서도 포성과 총칼 앞에서도
당신을 잊은 적이 없다

사랑을 위해 전쟁을 했고
전쟁을 하며 사랑을 했다

그때는 몰랐던 정당성이
역사의 뒤안길에서
후세 사람들이 하는 말 전쟁은 죄악이라고

그 당시 장군은 그것을 알지 못했다

전쟁만이 살길이라고 믿었고
승리만이 사랑이라고 확신했다

백마를 타고 도시를 바라보네
그 위대한 인간의 정신이 위대한 제국을 만들었네

내 사전에 불가능이란 없다네

나를 사랑한 조세핀 두 번째 황후 마리아 루이즈
나의 아들 나폴레옹 2세를 위해
난 전쟁을 하고 사랑을 했다네

먼 후일
전쟁이 잘못된 일이라고 후세들은 말하지만
그 당시에는 아무도 말할 수 없었고
전쟁은 위대한 여정이며
위대한 제국의 성공이 만인의 행복이라 확신했네

백마를 타고 위풍당당하게 입성하는
나폴레옹이 사랑한 연인 조세핀

세월은 가고 시대는 변화는 것

한 인간의 위대함도 역사의 영웅도
먼 옛날의 전설

인류사는 전쟁의 역사려니

참된 자유와 평화를 꿈꾸며

오가는 사람들은
장군도 영웅도 아닌
사랑하는 연인을 본다네

노트르담 대성당

성모 마리아님 은총 주소서
노트르담은 프랑스어로 성모 마리아를 뜻한다네

사랑의 도시 파리의 품격을 높이고
지성의 최정점에 서게 하는 노트르담은
세계인이 사랑하는 믿음의 상징이다

천상에 들어가기를 원하는 자
하늘에 오르는 통로를 지나가려는 자
노트르담 대성당으로 오라

기도하는 자는 하늘나라를 볼 것이요
간구하는 자는 천상의 세계를 보리라

언덕에 올라 바라보았네
천상의 꽃
영혼의 꽃을

삶에 지친 영혼에게 쉼을
목마른 자에게 생수를
그 꽃은 우리에게 안식을 주었네

언덕에 올라 바라보았네
천상의 꽃
영혼의 꽃을

사막에서 오아시스를
항해자에게 등대를
그 꽃은 우리에게 영생을 주었네

우리가 이 땅에서 축복을 누리다
천상에 들어갈 때 길을 안내하며 인도하는 꽃

언덕에 올라 바라보았네
내 영혼이 안식할
천상의 꽃을

노트르담 대성당에서
성모 마리아님께 기도하면 천상에 이를 것이니

기도는 신과 소통하는 창구이며
신과 마음을 잇는 도구다

대성당의 웅장함을 드러내는 것은
신을 높이 받듦을 의미하며
신께 한 발짝 더 가까이 가려는 피조물의 신앙심이다

높이 보는 자 더 높이 볼 것이요
넓게 보는 자 더 넓게 볼 것이니

신께서 허락한 시간에 신의 음성을 듣고
신께서 정해준 시간에 신을 볼 수 있나니
쉬지 말고 기도하며 간구할지어다

원하는 자 원함을 받을 것이요
구하는 자 구함을 받을 것이니

노트르담 대성당에서는
딱 한 가지 소원만 빌어라

차고도 넘치는 신의 은총에

무리한 요구는 예의에 어긋나니

이루어질 수 있는 기도
딱 한 가지면 족하다

몽생미셸 수도원

바다는 고요했다
그 고요한 바다 한가운데서
용오름의 밝은 빛 빛나더니

바다가 열리고
하늘이 열리며

천사의 음성이 내려오고
바다의 요정과 대지의 요정들이
찬미하며 춤추기 시작했다

하늘을 경외하는 자여
천사장 성 미카엘을 맞으라
아브란슈의 주교 성 오베르여 계시를 받들라

땅 위의 모든 생명들아 찬미하라

몽생미셸 수도원에서는

신과 천사를 보게 되나니

하늘은 신들의 영역이며 고향이다

기도하는 자에게 신의 음성을 들려주고
간구하는 자에게 신의 선물을 내어 준다

신께서 인간을 사랑하사 생명을 주시고
복음의 말씀을 주셨나니
경외하며 경배할지어다

땅 위의 있는 생물들아
수중과 공중의 생명들아 축복을 받으라

미카엘 대천사의 계시로
바다 위에 성을 쌓고 신의 영광을 드높이나니
신의 말씀을 듣고 신의 뜻을 전하라

영감과 감흥이 살아 있는
몽생미셸 수도원에서 기도하노니

두려움을 알게 하시고
겸손과 예의로 바른길을 걷게 하소서

자만하지 않고 거만하지 않고
타인을 배려하며 서로 공존할 수 있게 하소서

목자의 인도에 순응하고 말씀에 충실하게 하시고
범사에 감사하며 기도하게 하소서

보았노라 신의 영광을
들었노라 신의 음성을

받들지어다 그 존엄과 경배를
신의 부름을 받은 자는 은혜롭나니

믿음이 깊은 자의 눈에
보이고
들리고
느끼리라

경외하는 자는 더 높아지고

흠모하는 자는 더 맑아지리니

간구하고 기도하라
구함을 받으며 원함을 채우리라

하느님의 뜻과 말씀을 전하려
천사장 성 미카엘이 현몽하였나니

경건히 받들고 존엄히 받들며
어김없이 이행할지어다

몽생미셸 수도원 첨탑 꼭대기에서
미카엘 성 천사상이 세상을 지켜보노니

네가 어디서 무엇을 하는지
다 보며 알고 계신다

샹젤리제 거리

위대한 전사들이여
개선행진곡에 맞춰 승전보를 울려라

우리는 이겼노라
만백성들이여 기뻐하라
용사들의 용맹함을 칭송하라

보아라 우리가 이겼노라
우리가 승리했노라

승리한 자는 기억되고
패자의 역사는 잊히나니

개선문을 들어오는 용사들의 용맹이
패전국에선 피를 보며 죽임을 당했다

위대한 용사여
전쟁의 영웅이여

승전보를 울리며 기뻐하라

위대한 조국이여
우리는 이겼노라
우리의 승리를 영원히 기억할지어다

개선문 저편에서 사라져간 패전국이여
우리는 패했노라
피바다를 보며 죽임을 당했노라

이름 없이 떨어진 꽃이여
한 송이 국화꽃을 무명용사에게 바치노니
원한을 풀고 구원을 받으소서

어린 목동은 해돋이에 양들을 몰고 초원으로 나간다네
새벽달이 질 때까지 양들은 우리 곁에 있었네

봄바람에 신선한 초목의 향기가 실려 오네
양들은 빨리 초원으로 나가고 싶어 하네
나는 양치는 목동
하루 종일 양들을 돌보며 초원에서 산다네

바람의 향기와 풀잎의 노래
벌 나비 춤추고 계곡물은 경쾌하게 흘러간다네

새벽부터 저녁까지 양들을 돌보다
위대한 일과가 끝나면
오늘도 무사함에 감사기도를 드린다네

어느 날 폭풍우 몰아치듯 군사들이 초원을 달렸네
양들을 데려가고 마을 사람들은 처참히 죽어 갔네

평화로운 마을은
죽음의 땅으로 변했네

우리가 할 수 있는 일은 양치고 풀 베고
자연과 벗하며 살아가는 사람들이라네

욕심도 없고 탐욕도 없는
인간 본연의 심성이 하늘을 닮았고
선한 마음과 착한 사람들의 마을이라네

나무를 닮고

자연처럼 살아가는 초원의 사람들

우리는 싸워 보지도 못하고 죽임을 당했다네
평화를 사랑하고 자유를 즐기던 마을은
전설 속으로 사라졌네

샹젤리제 거리에서 개선문을 바라보네

아름다운 거리에 평화를
자유로운 영혼에 안식을

다시는 이 땅에 전쟁이 없는
항구 평화와 자유를 기원하네

베르사유 궁전

인간의 욕망은 심해와 같고
창공과 같이 끝이 없나니

절대권력이 보여 준 화려함의 극치
그 찬란한 바로크 건축의 걸작에 숨겨진
어느 인부의 노래를 듣는다네

태양왕 루이 14세의 절대왕정 확립을 위해
많은 사람의 희생이 있었네

거대한 건축물로 부를 과시하고
왕의 권위를 높이는 데 동원되었네

내 고향은 머나먼 산골 마을
숲에서 나무를 베어다 팔며 행복하게 살았다네

어느 날
낯선 곳으로 끌려와 궁전 노동자로 전락했네

달빛 아래 그리운 고향
별빛 아래 그리운 얼굴들

내 고향에는
부모 형제와 사랑하는 여인이 있다네

오늘도 왕은 사냥을 나가며
호화로운 생활을 하지만
우리는 노역장에서 고된 나날을 보내네

어느 영혼은
왕가의 후손으로 태어나 부귀영화를 누리고

어느 영혼은
평민의 후손으로 비참하게 살아가네

사람들은 화려함과 사치스런 삶을 부러워하지만
우리는 자나 깨나 고향이 그립다네
사랑하는 사람에게
되돌아갈 날만 손꼽아 기다리며
하루하루를 보내네

그날이 오면
사랑하는 이를 얼싸안고
덩실덩실 춤추며 노래하리니

태양이시여
만남의 희망을 주시고

바람이시여
고향에 돌아갈 날을 기약해 주소서

난 돌아왔네
정든 내 고향에

땅에 입맞춤하며
앞뜰에 꽃 심고 뒤뜰에 나무를 심네

정처 없이 떠돌던 외로운 영혼이여

봄에는 꽃이 되고
여름에는 나무가 되어
가을 결실로 안식을 가질지니

이곳은 정든 내 고향

다시는 떠나지 않고
한평생을 살다가

고향에서 뼈를 묻으려네

쉬농소 성

나는 쉬농소 성의 성주
디안드 푸아티에라네

한때 왕의 선생님이었다
후궁이 되었지

세상 부러울 것 없이 호위호식하며 지내지만
마음은 늘 공허하다네

아름다운 고성도 화려한 장식도
주변 사람의 칭찬도
왕의 사랑받음만 못하니

나는 쉬농소 성의 성주임에도
외롭고 쓸쓸하네

사랑이 없으면 넓은 들판도 황량하고
기름진 숲도 건조하고 강물도 둔탁하다네

목마른 대지에 촉촉한 비가 필요하고
거친 황야에 싱그러운 초목이 필요하듯
나는 왕의 사랑이 필요하네

저 숲 넘어 왕의 말발굽 소리에
귀 기울이며

저 들녘에서
왕의 말 달리는 모습을 기다리네

공허한 마음을 달래려 사냥을 하고
산과 들에서 사슴을 쫓아다녀 보지만

내 사랑하는 왕이 없으니
다 부질없고 허무하다네

부도 명예도 공허하고
왕도 왕비도 부질없네
사랑이여 내 외로운 마음을 채워 다오
오늘도 나는 성 밖을 바라보며
왕을 그리워하네

해는 서산에 저물고

놀지는 들녘에도 왕의 모습은 보이지 않네

왕이시여

보검을 앞에 놓고 맹세한 그날을 기억해 주오

정의와 신념의 상징인 보검을 높이 들어 보이며

백성들 앞에서 선언하셨죠

내 조국은 하나며 내 사랑도 하나다

만천하에 맹세하노니

나는 디안드 푸아티에라를 영원히 사랑하노라

만백성 앞에서 사랑을 맹세하고

그 사랑의 맹세를 이 보검으로 증명하노라

그날 왕의 위험과 절도

그 기개와 용기 하늘을 찔렀지요

날아가는 학같이 우아하고

돌진하는 황소같이 용맹하고

달리는 백마같이 지혜로웠죠

위대한 왕이시여
영원한 내 사랑이여

어서 돌아와 주오

콩코드 광장

공주는 알지 못했다

사람들이 왜 구호를 외치며
광장으로 몰려드는지

깃발 아래 일사불란하게 움직이며
행진하는지를

가진 자와 못 가진 자의 차이를
인정하지 않았으며 이해하지 못했다

세상은 불평등하고 차별 있는 게 당연하며
왕과 왕궁 귀족과 평민은 다른 게
당연하다고 생각했다

시녀는 왕궁에서 시중을 들어야 하고
평민은 귀족이 될 수 없으며

왕가의 명령에 복종하는 것이
당연한 것이라 생각했다

세상은 변하고 사람들은 달라졌다
시민은 대혁명이라 했고
왕정 타도와 자유 평등 박애를 외쳤다

공주는 알지 못했다

시민들이 화내는 것을 폭도라 여기며
반역이며 난동이라 생각했다

아버지 루이 14세와
어머니 마리아 앙투아네트가 처형당하는 그 순간에도

역사의 현장에서 단두대 이슬로 사라진 뒤에도
공주는 꿈에서 깨어나지 않았다

그날 역사의 현장을
오벨리스크가 지켜보며 침묵했다

사람들은 화합 일치라는 뜻으로
콩코드 광장이라 불렀다

그리스 아고라에서 어느 철인이 외쳤다
너 자신을 알라

악법도 법이다
그 철인은 신념을 따랐고 죽음을 두려워하지 않았다

어느 독재자가 광장에서 열변을 토했다
반대자를 처형하고 정책을 전파하며 명령을 알렸다

중세에 신이 광장에 나타났다
각종 칙령을 포고하고
신의 영광을 드높이며 신권을 행사했다

대중의 시기에
나라의 주인인 국민이 자리매김했다

집회와 시위 자유 표현과
권익 옹호를 위해 사자후를 토하며 행동했다

광장은 만남과 헤어짐
문물의 교환과 의사소통의 창구로 이용되며

교통의 중심지로 활용되고
집회와 공연의 장으로 사용했다

광장은 집결지
열린 공간의 의미로

자신의 의견과 생각을 자유로이 말하고
발언하는 장소로 활용되며

군중이 쉽게 모일 수 있고
행동을 같이 할 수 있는 개방성에
군중의 열린 공간과 소통의 장소였다
그 광장에서 절대자는
전쟁에서 승리한 전사들을 칭송하며
절대권력을 유지하는 공간으로 활용했고

어느 철인은
자신의 생각을 대중에게 설파하며

인류의 미래를 밝히고자 했다

어느 시인은 삶을 노래하고
세상을 아름답게 가꾸고자 했으며

어느 화가는 영감을 표현하여
세상을 맑게 만들고자 했다

암흑의 시대에는
절대권력을 과시하며 공포를 조장하고
권력 유지의 수단으로 이용했다

대중의 시대에서
혁명이라는 깃발 아래
대중이 행진하며 새로운 시대를 열어 가는 장소였다

문화의 시대에 광장은
예술의 위한 행위와 공감의 장소로 활용되었다

그날 그 광장에서는
거대한 물결이 휘몰아쳤다

대중은 파도를 타며 폭풍우를 몰고 왔으며
새 시대를 열었다

지난날의 억압과 착취
생존권 말살과 부당하고 억눌린 삶이 용오름 쳐 올랐다

파도가 지나간 자리에 새 깃발이 휘날렸고
희망과 평화가 정착했고
자유가 새 주인이 되었다

몽마르트르

시냇가의 새싹은 자라 나무가 되고
그 나무는 성장하여 달콤한 열매를 맺나니

미래에 피어나는 예술의 꽃이여
현재의 고난은 명예가 되고 그 열매는 달리라

작은 언덕을 뜻하는 몽과
순교자라는 뜻의 마르트르
몽마르트르는 순교자의 언덕이라네

거리의 악사와 초상화를 그려 주는 화가
현실의 삶에 희망을 품은 예술가의 정원이다

길을 걷다가도 사랑해 한마디로
주인공이 되며 화보가 되는 몽마르트르다

센강 위의 연인과 야경
에펠탑 전망대에 오른 그대도 아름답지만

몽마르트르 언덕에 오른 그대가
더 아름다운 이유는
과거와 현재 미래를 인내하는 희망 때문이다

어디서나 파리지앵이 되고
고전 속 현대인이 되어 살아갈 수 있지만

미래를 준비하는 인내가 아름다운 것은
인생의 무대에서 주인공이 되기 위해
헌신하고 노력하는 집념 때문이다

몽마르트르 언덕에 서라
젊은 영혼을 불사르고
예술혼을 불태워라

거리마다 마카롱을 먹으며
걸어가는 사람들로 붐비지만
몽마르트르 언덕에서는
살아 있는 영혼이 미래로 달려간다

그 옛날 몽마르트르에서 그림을 그렸지

빵 하나도 살 수 없는 그림을 그리며
배고픔과 외로움 속에서 사람들의 따가운 눈총을 받았네

허기진 배를 움켜잡고 집으로 돌아와
차가운 방에 누워 다짐하고 또 다짐했지

절대 포기하지 않으리
기필코 성공하여 대가가 되리라고

그 여정이 아무리 힘들어도
어떠한 고난이 와도
참고 견디고 이겨 내며 끝내 성취하리라고

한여름 태양이 불타는 거리에서도
쉬지 않고 그림을 그렸고
늦은 밤 가로등을 의지해서 그림을 그렸다

눈보라가 몰아치는 한겨울에도
두 손을 호호 불며 그림을 그렸고

지나가는 사람들이 던져 주는
빵 조각을 먹으며 그림을 그렸지

그 당시 사람들은
불쌍한 눈빛으로 가엾은 몸짓으로 나를 대했고
나는 세상에서 가장 초라하고 못난 사람이었다

세월이 흘러
사람들은 나의 그림에 열광했고
천재 화가라고 입을 모았다

내 그림은 대작이며
천재 화가의 걸작이라고 치켜세우며
명화로 서로 소장하며 사랑한다 했다

나는 한때
몽마르트르에서 그림을 그리던 무명 화가였다

빵 한 조각을 구걸할 때 사람들은 냉정했고
동전 한 닢의 호소에도 매몰차게 외면하더니

대가가 되고 나니
서로들 자기 고향 사람이라고 말한다

4부

런던아이

런던아이

옛것을 지키며 새로움을 만들어 가는 것을
전통이라 하고
새것을 채우며 전통을 확장해 가는 것을 진보라 한다

고전에 개방을 더하고
보수적인 듯하지만 열려 있다

고전과 현대적 감각이
권위적인 명성 위에 옛것을 보존하며
받아들임에 뛰어난 악동 같은 도시다

길을 걷다가도 귀족을 만나고
공작이 될 것 같은 고전의 향기

발길 닿는 거리와 건물마다
문화와 예술혼이 녹아 있다

불멸의 예술이 역사를 지키며

역사는 불멸의 예술을 창조한다

대영제국이 지더라도
한 명의 예술가와 바꾸지 않겠다던
문화의 자존과 예술혼이
런던의 품격을 높이는 자긍심이다

전 세계인을 매료시키는 문화의 향기
끊임없는 파괴와 창조를 반복하며
도전과 응전을 이어 가고 있다

해가 지지 않는 대영제국은
하루아침에 이루어지지 않았듯이
하루아침에 허물어지지도 않는다

어느 나라에 돌을 다듬는 석공이 있었다
그는 아침부터 저녁까지 하는 일이라곤
돌 다듬는 일이었다

사람들은 그를 보며 말했다
그 돌을 왜 그리 정성 들여 다듬으시오

석공이 대답하기를
이 돌은 내 인생이라오
내 전생이며 현재이며 미래입니다

사람들은 의문의 눈초리를 보내며 다시 말했다
그 돌이 인생이라니 말이 되는 소리를 하시오

석공은 사람들의 말을 듣고 빙그레 웃으며
돌 다듬는 일에 열중했다

그는 하루도 쉬지 않고
돌을 자르고 갈고 다듬었다

세월이 흘러 길을 가던
나그네가 큰 성에 나타났다

나그네는 하룻밤 묵어 갈 생각에 그 성문을 두드렸다
성주는 흔쾌히 하룻밤을 묵어가라고 허락하며
나그네와 밤새 이야기를 나눴다

성주는 신의 나라에 살았는데

인간을 위해 성을 쌓아 주다가 발각되어
그 벌로 인간으로 환생해
돌을 다듬고 성을 쌓는 일을 하게 되었노라고 했다

그 성은 어떤 것으로도
허물 수 없고 무너지지 않는 영원불멸의 성이었다

나그네는 신의 사도로 성의 점검하여 온 것이었다
나그네는 신통력으로 성을 보더니
천의무봉의 성이로다

그 말을 남기고는 바람 타고 신의 나라로 되돌아갔다

세인트 폴 대성당

꿈꾸는 자여 소망하라
맑은 영혼이여 쉬지 말고 기도하라

대영제국 왕세자비의 결혼식이 있었나니
아름다운 인생이여
축복과 행복을 받을지어다

우리의 왕세자비를 보호하소서

그 신성한 결혼식에서 맹세했네
생을 다하는 날까지
한결같이 사랑하겠노라고

우리가 태어나 살다 죽음에 이루기까지
그 모든 것을 관장하는
종교를 생각하게 하는 곳

그 믿음을 증거하는 신성한 장소에서

산 자에게 축복을
죽은 자에게 은총을

이 땅에 평화와 자유가 충만하기를 기원하네

나는 길이요 생명이니
나를 믿는 자는 죽어서도 살고
나를 따르는 자는 천국에 이르리라

그 믿음으로 거듭나고
믿음 안에서 영생을 얻으리니

의심하지 말고
믿음으로 거듭나라

인간의 눈으로 바라보면 허상일 수 있고
인간의 생각으로 행동하면 불가능하나

믿음의 눈으로 바라보고 믿음으로 행하면
못 할 일이 없으며 불가능한 일은 없나니

정의를 위해 싸우는 자여
승리의 확신을 가질지어다

망망대해를 항해하는 자여
안전한 항해와 무사귀환을 믿으라

고난 중에 시련에 빠진 자여 희망을 믿으며
환난과 긍휼로 핍박당한 자여
즐거운 시절이 다가옴을 믿으라

용감한 자는 도전하고 의로운 자는 행하나니
그 도전과 실행함으로 승리를 얻고 영광을 맛보리라

이는 믿음 안에서
믿음으로 실행되는 언약의 보상이니

아침에 해가 뜨고 저녁에 지는 것과 같으며
달이 뜨고 지며 별이 뜨고 지는 이치와 같다

믿음이 강한 자는 바다를 건너고 산을 넘으며
봄바람에 피어나는 꽃과 같느니

꽃동산에서 영원한 삶을 누리는 보상을 받으리라

믿음으로 거듭난 자는 숲속의 새같이
시냇가의 나무같이 달콤한 열매를 맛보리라

말하나 행동하나 믿음의 증거가 되고
그 믿음으로 거듭나는 영광이 함께하리라

타워 브리지

고뇌에 찬 영혼은 걸작을 만들고 행동하는 자는 성취하리라
타워 브리지 위에 서서 강 언덕을 바라보네

저 멀리 런던아이와 세인트 폴 대성당이 눈에 박히네

어느 지점에서
어느 한 지점을 바라볼 때
보이는 건축물이
그 나라의 상징과 국격을 생각하게 한다

고딕 양식의 타워 브리지의 독특한 모양이
세간의 관심과 사랑을 받고
여행을 할 때 꼭 들려 인증샷을 찍어야 하는 장소이며
세간의 명소가 되었다

소유한 나라뿐만 아니라
전 세계인이 함께하는 건축물인 까닭은

영국이라는 나라의 특성과
런던이라는 도시의 매력이 함께하기 때문에
더욱 열광의 도가니다

왕실과 국민이 공존하며
존중과 포용 역사의 자부심이 어우러진
자유와 번영의 상징 타워 브리지는 개폐가 가능한 도개교로
유유히 흐르는 템스강같이
전 세계인이 사랑하는 건축물로 기억된다

어느 날 인간은 하늘에 오르고자 했다

성을 쌓고 탑을 쌓고 계단을 만들어 하늘을 향해 올랐다
그 탑은 쌓고 쌓아도 하늘에 도달할 수 없는
허영과 욕망에 불과했으나
인간은 포기하지 않고 계속해서 탑을 높이 쌓았다

어느 날 한 사람이 말했다
우리 그만 포기합시다
우리의 힘으로는 하늘에 오를 수 없으니 그만합시다
사람들은 분노했고 그를 잡아 밧줄로 묶고

탑 꼭대기에서 신의 제물로 바쳤다

그 이후에도 사람들은 계속하여 탑을 쌓고 쌓았다
드디어 탑이 하늘까지 닿았고
인간은 신의 문을 두드렸다

신이 말하기를
인간아 무슨 일로 왔느냐

너의 고향은 땅이거늘
어찌하여 신의 나라에 왔느냐
그 말을 듣고 인간이 대답했다

우리도 신이 되어 신같이 살려고 왔소이다
인간의 말을 듣고 신이 한마디 했다

인간아 땅으로 돌아가거라
너희가 있을 곳은 땅이니라

그 한마디에 공든 탑은 물거품같이 무너지고
모래성처럼 허물어졌다

그 이후 신은 인간을 불신했고
인간은 계속하여 신의 세계에 집착했다

인간이 만든 도시
그 도시는 인간의 위한 도시이며 신의 도시다

그 도심의 한가운데서 타워 브리지가 신의 말씀을 듣고 있다

버킹엄 궁전

명예를 지키는 것은 존중이며
존중은 명예를 지키는 기본 예의다

전통은 보이지 않은 가치의 존중이며
계승은 존중의 명예로움이다

빅토리아 시대 태양이 지지 않는 나라
왕실의 찬란함과 국민의 명예심이 함께 공존했다

전통을 잇는 것은 명예이지만
계승을 한다는 것은 드러나지 않는 인내의 세월

눈에 보이는 게 다가 아니고 귀로 듣는 게 다가 아니듯
절제하고 감내하는
헌신적인 봉사로 명예를 지킨다

어느 시대나 명암은 함께하는 법
지나고 보면 번영의 시간보다

아픔의 세월이 더 길다

어려운 현실에서도 자존과 희생이
위대하다는 것은 그 내면에는
국민들이 공감한 인내의 세월이 있었다

수 세기 동안 자존과 명예를 지켜 내는
버킹엄 궁전에는 저력과 자존의 정신이 살아 있다

어느 날 왕궁에서 한 아이가 태어났다

왕궁은 왕자를 원했으나 신은 공주를 점지해 주셨고
그 아이는 공주로 태어났다

그 공주는 총명하게 자랐고 지혜롭고 용감했다

왕가의 전통을 잇고
나라를 수호하는 상징으로 자리매김했으며
역대 어느 왕도 누리지 못한 영광의 제국을 이루었다
처음에 사람들은 왕자가 없으니
불안해하며 걱정하며 근심하기 시작했다

공주가 자라 군주다운 모습을 갖추고

영토를 확장하고 신대륙 발견하며

군주다운 모습을 보여 주자 여왕 폐하 만세를 외쳤다

오대양 육대륙

어느 곳에서도 여왕의 깃발이 휘날리니

태양이 지지 않는 나라라 했고

그 영지가 연합하여 영연방이라 했다

역사 이래 그 위대한 영광은 처음이고

그 위엄과 명성

태양같이 빛나는 영예로움이 전 세계에 빛났다

전통은 전통을 낳고

보존과 존중이 함께했다

여왕은 군림하되 통치하지 않았으나

그 권위와 명예는 전 세계에 영향을 미치고

상징 군주로 한 나라의 자부심이 되었다

템스강

지나침은 부족함만 못하고 넘침은 절제함만 못하다
템스강은 대영제국 역사의 위용을 담고 흐른다

그 먼 옛날부터
강은 생명을 키우고 문명을 피웠다

인류의 문명이 강에서부터 시작되었고
물이 풍부한 곳에서 생명이 넘쳐나고
생명은 생명을 부르며 생명을 키웠다

황하강에서부터
메소포타미아의 유프라테스와 티그리스강

인더스의 인더스강과
이집트 문명의 나일강까지

강가 평원을 중심으로 인류의 문명을 꽃피웠나니
그 꽃의 찬란함이여

과거의 영광과 부의 원천

힘과 지배력과 권위

영예로운 자존과

명성에 걸맞은 문명의 꽃은

강에서부터 시작하여 열매를 맺었나니

태양이 지지 않은 나라의 전설

대영박물관은

여러 나라 역사의 아픔을 담고 있지만

런던의 자부심은 세계 유산을 지키며 보존해 왔노라 한다

회색 하늘 아래

회색 건물 한복판을 가로지르는

공원만이 드넓고 푸르다

도심 근교는 목가적 풍경에

또 다른 분위기를 주는 소도시가

전원 분위기와 어우러지며

회색 도심 한가운데를 템스강이 살아 흐른다

보이지 않는 내면의 가치와
찬란한 역사와 위대한 문화가
템스강을 따라 명예롭게 흐른다

빅 벤

오 주여
우리의 여왕을 보호하소서

분침이 한 바퀴 돌아 시간을 알리고
시침이 한 바퀴를 돌아 하루를 알린다

민의의 전당 국회의사당 탑 위에서
인간의 시간을 알리며 신의 소리를 전한다

천상에서도 들리리라 인간의 기도를
바다에서도 느끼리라 신의 보살핌을

시공을 뛰어넘어 공간을 울린다

신의 시간을 알고자 했던 인간의 욕망이
인간의 시각으로 자명종을 울린다

태양이 지지 않는 나라에서

영원함을 갈구했던
빅 벤

자명종이 울리고
분침이 쉼 없이 돌아갈 때

오늘도 태양이 지지 않기를 염원하며
감사 기도를 드린다

오 주여
우리의 여왕 빅토리아를 보호하소서

어느 날
왕궁에서 왕자를 원하는 기도를 듣고
신들이 내기를 했다

왕자를 관장하는 신은
왕자를 선물하리라 했고

공주를 관장하는 신은
공주를 선물하리라 했다

왕자의 신과
공주의 신은 포도주를 마시며
하나부터 열까지 세는 내기를 시작했다

한 잔을 마시고 숫자를 세어 보니
두 신이 일치했다
두 잔을 마시고 숫자를 세어 보니 또 일치했다

그 행위를
수십 번 반복하고 수천 번 반복해도
그 내기는 끝나지 않았다

그러던 중 왕자의 신이 볼일을 보러 간 사이
공주의 신이 왕자의 신 술잔에 잠이 오는 약을 탔다

왕자의 신이 제자리로 돌아오자
내기는 계속되었고

내기가 계속될수록
왕자의 신은 서서히 잠이 들기 시작했고
마침내 왕자의 신은 깊은 잠에 들었다

공주의 신은 절호의 기회를 잡아
어느 왕가의 기도에 화답했다

공주에게
지혜와 용기
군주다운 면모와 카리스마적 결단을 주었다

열 달이 지난 후
그 왕궁에서는 공주을 얻었고
왕가에서는 공주의 탄생을 온 국민과 기뻐했다

국민들은 광장에 모여 축하하며 외쳤다
오 주여
우리의 공주님 빅토리아를 보호하소서

대영박물관

나는 이집트 왕 파라오라네

내 고향은 태양의 나라로
절대 불멸의 왕국이었네

어느 날
섬나라에서 건너온 이민족이 들어와
우리 것을 모두 다 가져갔다네

고대 이집트는 문명의 발상지로
수준 높은 문화와 풍요의 나라였지

우리의 우수한 문화와 높은 수준의 예술품을
섬나라에서 온 이민족이
자기 나라로 가져갔네

먼 후일 후세들이
우리 문화재를 되돌려 달라고 하였지만

섬나라 사람들은 우리의 요구를 들어주지 않고

대영박물관이라는 곳에
우리 문화재를 전시하며 관리하고 있다네

나는 태양의 신
이집트 왕 파라오라네

절대 왕권과 영원한 영생을 위해
피라미드를 건설했지

태양의 아들 파라오는
부와 권력으로 세상을 지배한다네

살아서 영광 죽어서도 영원히 죽지 않기 위해
미라를 만들어 피라미드에 묻는다네

우리는 수 세기가 지난 후
다시 부활하여 제국을 다스리네
나는 이집트 왕 파라오라네
정치와 종교의 성스러운 권좌이며

두 땅의 주인
모든 사원의 수장이라는 칭호로

모든 신전의 수장은 파라오가
지상에서 신을 대신하여
제사 의식을 주관하고 신전을 건설했지

나 파라오는
땅을 지배하는 신들의 후손으로
태양의 신이 점지하며
신과 여인의 산물인 빛과 같은 존재네

이집트 최고의 권위이며 절대적 힘이네
만백성들아 파라오를 받들라

위대한 제국의 위엄과
영원히 살고자 하는 파라오의 존엄을
스핑크스에 담아 보전했네

이젠 그 영광이
섬나라 박물관에서 잠들어 있네

나는 태양의 아들
불멸의 살아 있는 신
위대한 왕 파라오라네

고향을 떠나
이역만리 타향의 박물관에 누워 있다네

에든버러 성

십자가 앞에 보검을 놓고
하늘을 우러러 맹세했노라

내 사랑하는 국민을 위해
부강한 나라를 만들겠노라고

내 사랑하는 왕비를 지키기 위해
막강한 군대를 가지겠노라고

하늘과 땅에 맹세한 그 언약을 지키며
에든버러 성에서 살았노라

먼 옛이야기처럼 후세 사람들은 말하지만
난 살아 있는 전설의 에든버러 왕이니라

저 거친 바람에도 꿋꿋하고
저 폭풍우에도 강인하고
저 천둥 번개에도 용감했노라

바다를 건너 육지에 닿은 우리는
터를 닦고 성을 쌓았네

거칠고 험한 바다를 건널 때도
폭풍우 치는 캄캄한 밤에도
천둥 번개가 요란했던 공포의 날에도

오직 하나
육지에 다다라 견고한 성을 쌓고
우리의 왕국을 이룰 꿈 하나로 견뎌 왔노라

그 척박하고 거친 땅에 도착하여
터를 잡고 땅을 일구며
곡식을 심고 나무를 심었노라

그 땅은 거칠고 험악하여
풀조차 자라기 힘든 땅이었으나
일구고 가꾸며 삶의 기반을 마련했노라
깎아지른 듯 절벽을 이룬 산 위에 우뚝 솟아
한눈에 도시를 내려다볼 수 있게
천년왕국의 견고한 성을 쌓았노라

왕이 가는 길은

영예롭고 빛남이 있어 보이지만

보이지 않는 내면의 고독과 갈등

인간적인 고뇌의 연속이라네

누구보다 위풍당당하고

권위 있게 행동하지만

대자연 앞에 두렵고 국민의 목소리에 두려운 자리네

그 모든 것을 이겨 내고 견뎌 온 것은

사랑하는 왕비가 있음에

사랑하는 가족이 있음에

끝까지 믿음을 저버리지 않는 국민이 있었기 때문이었네

자랑스런 후손들이여

먼 후일 에든버러 성에 오거든

살아있는 전설 에든버러 왕이 있었음을

기억하며 칭송해 다오

에든버러 왕은

천하제일의 무적이며 용감했노라고

5부

알람브라 궁전의 추억

알람브라 궁전의 추억

오 위대한 역사여
장엄한 세력이여

이사벨라 여왕 앞에
알람브라 궁전의 꿈은 물거품이 되었도다

왕비가 사랑한 앵무새도 떠나고
꽃으로 둘러싸인 왕궁의 정원을 거닐며
사랑을 꿈꾸던 왕비는
역사의 슬픈 전설이 되었네

폭풍우 치던 밤
아름다운 정원에서 사랑의 세레나데를 불러 주던
나이팅게일의 노래도 멈췄나니

절대권력도 부귀영화도 파도와 같고
올리브 한 그루가 태양에 반짝이는구나

꽃은 피어 열흘을 못 가고
제국의 꿈도 수백 년을 못 가니 헛되고 헛되도다

저기 올리브 열매를 따는 아가씨여
사랑 노래를 불러 다오

달빛이 비치는 호수에 조각배 미끄러져 가고
난 그 조각배에 앉아
사랑의 세레나데를 듣는다네

잔잔한 호수에 반짝이는 달빛
별빛 반영에 비친 그대의 그림자

밤은 연인을 위한 시간
사랑은 달콤하고 달빛은 감미롭네

초롱한 별빛에 호수는 반짝이고
영혼의 안식은
사랑에 취하고 밤의 리듬에 녹아드네
한 떨기 맑은 바람 달무리에 안기면
달빛에 비친 그대는 사랑의 정령

인생은 향기롭고 아름다워라

은하수 쏟아져 내리고
별똥별이 사랑의 세레나데를 밝히는 밤

그대 손등에 입맞춤하며 맹세하네
영원히 그대를 사랑하겠노라고
내 영혼을 그대에게 바치겠노라고

호수의 달빛이여
밤하늘의 별빛이여
우리의 사랑을 아름답게 비춰 다오

우리의 사랑은 멈춤이 없나니
달빛이 호수를 다 말린다 해도
우리의 사랑은 끝이 없어라

은하수가 빛을 다 잃는다 해도
달빛이 영영 사라진다 해도

그대의 사랑 노래를 들으며

영원한 사랑을 나누리니

사랑하는 이여
별빛같이 빛나고
달빛같이 아름답게 즐겨 주오

밤은 사랑을 위한 전주곡
은하수 내리는 밤
달빛은 호수에 빛나고

그대와 감미로운 밤을 즐기며
사랑에 취하고 또 취하리라

산에는 꽃 피고 산새가 노래하네
노루 뛰놀고 사슴 풀 뜯으니
봄은 부드럽고 산천은 아름다워라

유채꽃 피워 향기를 토하고
양귀비 울긋불긋 그리움을 토하네

나의 사랑 그대는 꽃 중의 꽃

깊은 산속 옹달샘 같고
깊은 골짜기에 피어난 백합 같구나

꽃사슴이 깊은 산중에 숨어 지내듯
나의 사랑 고백에
예쁨을 감추고 수줍음에 고개를 떨구었구나

사랑의 열매를 나눠 가지고 맹세하노니
그 열매는 달고도 향기롭도다

내 사랑하는 이여
그대는 꽃 중의 꽃으로
인품의 향기가 출중하고

그대는 나무 중의 나무로
깊은 믿음이 거목의 뿌리 같도다

내 어여쁜 이여
그대의 고운 마음은 비둘기의 눈 같고
그대의 사랑은 바닷속 돌고래 같도다

우리의 사랑은
끝이 없고 영원하리니

우리의 애정은
북극여우 같고 남극의 펭귄 같도다

궁전 분수에 내린 달빛 그대인가 바라보니
바람만 달빛을 스치고 그대는 보이지 않네

창문 사이로 스민 달빛 그대인가 문 열어 보니
그대는 보이지 않고 바람만 스쳐 가네
그리운 그대 생각에 잠 못 드는 밤
밝은 달빛 무심히 창문에 쏟아지니
그리움 가득 애간장이 녹아드네

지난봄 수선화 올봄에도 피었는데
함께했던 그대는 보이지 않고

올리브 나무 푸름은 변함이 없는데
함께 걸었던 발자국은 들리지 않네

갈바람에 고운 단풍
순백의 흰 눈도 그 모습 그대로인데
함께했던 목소리는 들리지 않으니

지구 끝에서 천상을 바라보며
그리움에 눈물짓네

그 옛날
알람브라 궁전에서 지저귀던 나이팅게일의 노래여

달빛에 젖고
분수에 젖고
사랑에 젖어 밤새워 불러 다오

태양의 나라
알람브라 궁전을 지나던 예언자에게
물 한 잔 주던 시녀의 고운 마음처럼

돌담에 홀로 핀 이름 모를 심금의 꽃이여
축복을 받으라

높은 자리에 있어도 베풀지 않으면 낮아지고
낮은 자리에 있어도 베풀면 높아지나니

알람브라 궁전의 추억이여

저기 올리브 열매를 따는 아가씨의 노래를 들으라
나이팅게일이 지저귀던 사랑의 노래를

아 알람브라 궁전의 추억이여
바람 따라가 버린 사랑이여

우린 행복했네
다시 태어나도
알람브라 궁전의 왕비로 태어난다네

알람브라 궁전은
붉은 철이 함유된 흙으로 지어진 붉은 성이며
스페인 땅에서 아랍인이 정착했던 궁전이라네

기독교의 땅에서
이슬람 양식이 조화를 이룬 아름다운 건축물이네

초록 정원을 걸으며
왕비의 눈물을 닦아 주던
어느 시녀의 노래를 듣는다네

제국의 영광이여
영원할 것 같던 절대권력이여
이슬 떨어지듯 파도에 부서지는 모래성이여

신의 계시도
인간의 욕망 앞에 잊히고
신의 영광도 인간의 나약함에 묻히도다

궁전의 분수에서 지저귀는 작은 새여
너는 자유니
이제 너의 갈 길을 가렴

새장 속에 갇혔던 지난날은 허물어졌으니
이제 너의 갈 길을 가렴
너는 이제 자유다

새는 날아가고

시녀도 자유를 찾아 떠났으니

왕비의 하염없이 흐르는 눈물은 누가 닦아 주고
위안의 노래는 어느 새가 불러 주리오

헛되고 헛되도다

알람브라 궁전이여
파도에 부서진 모래성이여

그 찬란한 한때
그 빛나는 영광이

훨훨 나는 작은 새의 날갯짓을 그리워하노라

몬세라토 수도원

영적인 답을 소망하는 자
구원의 믿음을 간구하는 자여
영혼의 문을 두드리라

마음으로 보고 영감을 얻으리라

톱니 모양의 바위산 몬세라토 수도원에
하늘에서 밝은 빛 내리나니
천사들의 합창을 들으라

검은 성모 마리아 상 손을 만지며 기도해 보라
소망 하나가 이루어지나니
영적 경험과 영감을 얻으려는 순례자들이 오가며 머무네

태어나기 전의 삶과
생을 다한 후의 삶을 보려는 자여 기도하라

영혼을 구원받고 영생을 얻으려는 자여

몬세라토 수도원에서 답을 찾으라

삶과 죽음이 하나이고
천국과 지옥이 다 마음속에 있나니
뿌린 대로 거두며 행한 대로 받으리라

삶에 감사하고 살아 있음이 환희거든
곧 다가올 영생을 준비하며
살아온 날을 회개해 봄도 좋으리라

카탈루냐의 수호성인인 마리아여
은총을 받으소서

검은 피부의 작은 것
카탈루냐어의 라 모레네타여

검은 성모 마리아여
우리를 마리아께 봉헌하고
그 모범에 따라 살게 하소서
불의의 침략을 물리쳐 주시고
항쟁의 중심에서 시련을 이겨 내는 힘을 주소서

악인들의 약탈에 정의로 맞설 용기를 주시고
불의에 투쟁하며
불사조처럼 다시 일어서는 힘을 주시고
믿음으로 구원받고 천상에 오름을 약속받게 하소서

성모님의 은총의 목소리를 듣나니
가난한 자에게 복을 내리시고

병든 자에게 소생의 힘을 주시고
슬픔에 빠진 자에게 희망의 빛이 빛나게 하소서

이 땅의 무수한 생명이
성모님을 흠모하며 찬양하게 하소서

육신의 아픔을 치유하고
피폐한 정신을 건강하게 하시고
심신이 영생하듯 은총을 주소서

새로 태어나는 생명에게 축복을 주시고
자라는 생명에게 용기를 주시고
늙고 병든 생명에게 고통 없는 안락함을 주소서

우리가 태어나 자라고 늙고 죽는 순간까지
죽음 이후의 영생까지 지켜 주소서

검은 성모 마리아 님의 눈에
다시는 눈물이 없기를 기도하네

영혼의 순례자와 간구하는 자에게 축복을 주시고
이 땅의 자유와
항구 평화를 위해 기도하게 하소서

스페인 광장

난 고도의 왕국 빛나는 앤 공주라네

자유가 그리워
아무도 모르게 왕궁을 빠져나와
시민과 함께 자유를 누리네

나에게 필요한 것은 절대 자유
좋아하는 사람을 스스로 선택하고
자유롭게 만나며 사랑하고 싶다네

저기 시원하게 내뿜는 분수여
너의 자유가 그립구나

무적의 로마여
전 세계를 지배하며
절대권력을 자랑하던 로마여

저 분수가 멈추는 날

너의 권세와 명예도 사라지리니

자유를 꿈꾸는 분수여
현재를 즐겨라

나는 자유를 즐기리라

부질없이 허물어진 욕망이여
나는 로마인의 전사로 살았네

세계를 정복하며 전 지역을 돌아다녔지
젊음도 청춘도 인생 전부를 다 바쳤네

내 사랑하는 이와 행복하게 지낸 일 없이
전쟁터에서 살다 죽는다네

이다음 생에 태어난다면
내 사랑하는 이와
조그마한 마을에서 평화롭게 살고 싶다네
뒤뜰에 한 그루의 사과나무를 심고
앞뜰에 오렌지 나무 한 그루를 심어

봄에는 씨앗뿌리고 가꾸며
여름에 김을 매고
가을에 추수하며
겨울에는 사랑을 나누며 쉼을 갖고 싶다네

남이 보기엔 소박하고 욕심 없는 삶 같지만
내 소망은 진실되고 간절하다네

사랑하는 이와 함께하는 삶은 천국이며
사랑하는 사람과 헤어져
만남이 없는 삶은 지옥이라네

난 로마의 병사로
전쟁터에서 한평생을 보내고 생을 마감하네

위대한 제국도
영원한 영광도
살아생전 사랑하는 사람과 함께 있음만 못하니
내 고향에서 내 사랑과 함께 살고 싶다네

난 고도의 왕국 빛나는 앤 공주라네

부귀영화에도 기쁘지 않네

궁중은 감옥같이 답답하고
주변의 사람들은 내 눈치를 보며 비위를 맞추지만
즐겁지 않다네

난 자유가 그립다네
자유롭게 말하고 행동하고 사랑하고 싶다네

길거리에서 사람들과 함께 뛰놀며
스페인 광장에서
자유로운 사랑을 원한다네

그라나다

몰아센 산 정상에서
나스르 왕조의 마지막 운명을 지켜보네

스페인 땅에서 알라신을 모신 우리는
알람브라 궁전의 추억의 그리워하네

달무리 진 언덕에서
바람 한 점에 한 떨기 꽃이 떨어지는구나

축복의 땅이시여 자비를 베푸소서

우리는 꿈을 묻노니
한때 찬란했던 그 영광을 추모하노라

그대여 눈물을 거두고 슬픔을 잊어 다오
지금 그대에게 줄 수 있는 건 장미꽃 한 송이

장미를 그대에게 안기고

그대의 구슬픈 노래를 들으며 눈물을 닦아 주네

그대는 영원한 나의 장미꽃
우리의 사랑은 영원히 빛나리니

그대만큼 아름다운 이는 없었고
그대처럼 어여쁜 사람은 없다네

나의 사랑 그라나다여
슬픔을 파도에 던져 버리고
몰아센산 정상에서 반짝이는 별처럼 웃어 다오

내 육신은 사라져도
내 영혼은 그대와 함께 천상에 오르리니

이 땅에서 못다 한 사랑
천상에서 한 송이 꽃으로 피어나네

요정의 신이시여
내 사랑을 돌보아 주시고

사랑의 신이시여
내 사랑을 보듬어 주소서

한때 별처럼 빛나던 영광이여
한때 태양처럼 빛나던 사랑이여

몰아센산 기슭의 한 떨기 야생화여
산들바람은 봄을 깨우고
그대는 야생화 향기를 가져오네

올리브 나무 그늘에서 노래하는 새같이
그대의 맑은 목소리가 들려오네

나비처럼 사뿐히 다가와 나를 반기던 그대
이슬같이 연약하고 안개같이 가냘픈 그대여
나 없는 세상을 어찌 살아가리오

내가 죽어도 눈을 감지 못함은
그대를 홀로 남긴 죄책감
강건한 나라를 지키지 못한 패배감

난 죽어서도 그대에게
사과하며 미안함을 드리네

그대여 부디 날 용서하고
어찌할 수 없는 목숨 잘 보전하고
이다음 세상에서 다시 만날 것을 약속해 주오

내 마음은 강철보다 강하고 쇠붙이같이 변함없다오
오직 그대를 사랑한 죄 그게 나의 유일한 죄라오

장엄했던 영광이여
햇살 아래 잠드는 내 사랑이여

톨레도

나는 톨레도 명검을 만드는 장인이라네

오랜 경험과 감으로
강철을 담금질하여 최고의 검을 만든다네

정성을 들이고 심혈을 기울여 만들다 보니
수십 년 만에 한 자루밖에 만들 수 없는
보검 중의 보검이네

이 검을 가지는 자 천하를 통일하고
이 검을 받는 자 황제의 자리에 오르나니

나는 톨레도 명검을 만드는 장인이네
보검을 만들어 정의를 바로 세운다네

불의를 불리치고 불운을 멀리하고
바르고 올곧은 세상을 만드네

영웅이 나면 천마가 나고
장수가 나면 비마가 난다네

보검 중의 보검이 탄생하는 날
나라의 새 왕이 즉위하네

불의의 악당들아 보검을 받으라
세상은 밝고 깨끗한 정의의 용사들이 지키나니

이 땅의 자유를 위해 참된 영혼에게 평화를 주노라

보검은 정의의 상징
신들의 왕은
번개가 나오는 보검으로 신국을 평정하고

지상의 황제는
덕으로 세상을 평정하고
보검을 높이 들어 하늘에 맹세하며 승리를 선포하네

전쟁터에서 헤어진 부자는 보검을 둘로 나눠
상봉 시 보검을 맞대어 부자 관계를 확인하고

부부는 헤어졌다
상봉 시 보검을 맞대어 인연을 확인하네

천하의 보검은 정의의 상징
보검을 얻는 자 천하를 통일하고 천자의 자리에 오르네

보검을 한 번 휘두르니 물이 솟아나고
보검을 두 번 휘두르니 초목이 자라나고
보검을 세 번 휘두르니 생명이 자라네

보검은 천지의 질서를 보호하고
천지만물이 제자리에서 자리 지킴을 정해 주네

보검 앞에 거짓된 자는 목이 달아나고
보검 앞에 선동자는 처단되느니
정의가 바로 서고 태평성대가 유지되네

하늘은 보검의 주인을 점지해 주고
보검의 주인은 하늘의 뜻을 받들어 세상을 이롭게 하고
만백성들을 편안하게 살게 하느니

보검의 빛남이
덕망과 존경의 세상을 만든다네

세비야

대항해의 시대 도전과 꿈이 실현되도다
시작도 끝도 이곳에서 피고 지나니

나는 꿈을 꾸었네
미지의 세계로 향해하는 꿈을

신대륙을 발견하고
황금으로 부귀영화를 누리는 꿈을

아무도 가지 않은 길
누구나 쉽게 할 수 없는 신기루에 불과하다는 꿈을
나는 실행하고 완수했네

대제국의 꿈을 이루었지만
태어난 이곳에서 묻히지도 못하고 공중에 떠 있다네

나는 인디언 추장 콜럼버스와 마주 앉아 있네
그 영광의 시간과 명예의 순간들

이제는 사라진 태양의 추장이여

우리가 사는 곳은 황금 덩어리가 가득했지만
우리에게는 쓸모가 없는 돌덩어리라네

우리는 산기슭을 일구며 살아가네
고구마 심고 감자 캐며 소박하지만 아름다운 삶이라네

저 꾀꼬리 지저귀는 봄
날아다니는 앵무새와 이야기를 나누네

우거진 숲은 푸르러 온갖 생명의 고향이라네
산새 지저귀고 날다람쥐 뛰놀고
네 발 달린 짐승들이 뛰어노네

계곡물 푸르고 시원하니
사시사철 동물의 생명수가 된다네

하늘의 흰 구름은 모였다 흩어지며 비를 내리고
땅의 곡식과 숲의 나무를 키운다네

자연을 닮은 사람들이
숲에서 물처럼 살아가는 마을이네

어느 날 낯선 얼굴들이 들어와
연기 나는 막대로 우리를 죽이고
황금 덩어리를 다 가져갔네

우리에게는 쓸모없는 황금 돌덩어리를
낯선 얼굴들은 미친 듯이 가져가고
그 황금을 손에 넣기 위해
우리를 죽이고 자기네들끼리도 서로 싸웠다네

황금 열매가 탐스러운 오렌지 가로수 길을 걸어가네
세월은 가고 영웅은 잊히고 역사는 흐르는 것

그 정열과 열정을 투우에 쏟아붓네
플라멩코 리듬에 맞춰
단검을 황소의 심장에 꽂네

그 붉은 피
대항해시대의 목숨 걸고 정복하고

플라멩코의 정열은 신대륙 황금 덩어리같이 불타네

꿈은 순수했으나 욕망은 끝이 없어라
강대국은 약소국을 탄압하고 짓밟으며
목숨을 뺏고 재물을 탈취했네

천성은 선했으나 재물 앞에 눈이 먼 인간이여
내 가족이 소중하고 내 조국이 자랑스러울지니
타인의 가족도 똑같이 고귀하다네

이름 없이 죽어 간 영혼을 위해 기도하네

성모 마리아 님
저들을 용서해 주옵시고
가엾은 영혼을 구하여 주옵소서

카보다로카

서쪽 땅끝마을에 서서
거센 파도가 휘몰아치는 대서양을 바라보네

미지의 세계를 향한
희망과 절망이 함께 했던 카보다로카

영광도 부귀도 함몰도
그 고난의 역사를 등대는 지켜봤나니

저 거친 야생의 바다를 사랑한 사람들
누구도 가 보지 않은 길을 헤쳐가고

누구도 도전해 보지 않은 길을 도전했던
용감한 항해사의 이야기를 듣는다네

어릴 적 나의 꿈은 항해사였네
먼 바다를 동경하며 꿈을 키웠지

미지의 세계로 나아가며
험한 폭풍우와 어둠 속에서 아침 해를 본다네
파도가 강할수록 고난이 험할수록 우리는 더 강해지네

파도에 흔들리고 휩쓸리며 대서양을 오간다네
누군가는 부를 위해
어떤 이는 명예를 위해 목숨을 건다지만
나는 항해사 바다가 좋아 파도를 탄다네

오고 가는 항로는
먼 후일 항해사의 이정표가 되리니

세상에서 가장 멋지고
행복한 일을 하는 나는 항해사

카보다로카에 대서양의 파도가 부서지네
저 거친 바다를 향해 나아가네

난 미지의 바다에서 모험을 즐긴다네
성난 파도와 출렁이는 물결
그 위를 미끄러져 가며 곡예를 하네

사람들은 거친 파도에 겁먹고 출렁이는 물결을 두려워하지만
난 파도가 거칠수록 용기가 난다네

나는 바다의 신과 함께하며 신의 보호를 받는다네

이 세상 끝에 무엇이 있는지
이 바다가 어디에서 끝나는지 아무도 모른다네
바다의 신만이 알고 계시며 인도하시니

우리는 바다의 신에 의지하며 나아가네
망망대해 며칠 어둠 며칠 굶주림 며칠
드디어 육지에 닿았네

꿈에도 그리던 흙냄새를 맡으며
감사의 입맞춤을 하네

부드러운 흙을 어루만지며 감격의 눈물을 흘리네

숲에서 불어오는 신선한 바람
풀잎의 향기
망망대해에서 너무도 그리웠던 땅의 향기라네

우리는 며칠을 쉰 다음 다시 출항하네
이번에는 어느 곳으로 인도하실지 궁금하다네

우리의 목표는 새로운 땅 신대륙이네
그 꿈을 향해
저 거친 파도 출렁이는 물결을 헤치며 떠나네

아무도 가지 않은 길
그 길은 도전하는 자만이 얻으리니
목숨을 건 모험을 통해 그 땅의 주인이 된다네

파티마 대성당

경외하는 자는 볼 것이요
소망하는 자는 받을 것이니
구원의 영혼이여 깨어나라

이 땅에 자유를
항구 평화를 위해 기도하네

목동의 기도 소리
오늘 하루도 무사히

성모 마리아님
이 땅에 사는 모든 생명에게 은총을 주소서

순백의 영혼이 간구하며 밝은 빛을 보나이다

그 빛은 세상의 어두운 곳을 밝히며
복음을 전하는 등불이니

서로 사랑하게 하시고
항구 평화와 자유가 함께하게 하소서

순례자의 기도를 듣사오니
하늘에 영광
땅 위에 축복을

3명의 목동 앞에 나타난 성모 마리아님

밝은 빛에 둘러싸여
가늘고 섬세한 손에 묵주를 들고
목동에게 세 가지 비밀스런 예언을 알려 주셨나니

회개하는 자에게 영생을 주시고
천상에 오르려는 영혼을 구원하소서

인류의 자유와 평화를 위해
묵주 기도를 드리오며
성모 발현 일에 뵙기를 간절히 기도하나이다
선한 자의 눈에 성모님이 보이나니
마음이 가난하고 거짓 없는 자가 보리라

천사가 아이에게 속삭였네
하늘에서 밝은 빛 비추고
그 빛을 타고 하늘에서 성모님이 내려오시나니

너희는 성모님의 말씀을 듣고
그 말씀을 어른에게 전하라

어느 날 아이의 눈에 하늘의 밝은 빛 비추고
그 빛을 타고 내려온 성모님을 보았네

성모님은 말씀하셨네
이 땅 위에 성당을 짓고 회개하며 기도하라

아이는 성모님의 계시를 그대로 어른들께 전했네
아이의 눈에는 성모님이 보이나
어른들 눈에는 보이지 않았다네

순수하면 보이고 선하면 만나리라
믿음의 눈으로 만나고 선함으로 보리라

콘수에그라

저 멀리 언덕 위에 우뚝 솟아오른 고성이
라만차의 넓은 평원을 바라보며
하얀 풍차를 거느리고 있다

당나귀 닮은 말 위에 앉은 노인이
창을 들고 돌진하며 풍차와 싸우고 있다

하얀 풍차가 사열하는 병사같이 일렬로 줄지어 서 있다

옛날부터 바람을 이용해
풍차를 돌려 밀가루를 만드는
콘수에그라 성에 올라 풍차마을을 바라본다

일렬로 늘어선 풍차
저 멀리 그물처럼 이어진 능선과
넓은 평원에 탁 트인 시야

숨 한 번 크게 들이마시면

하얀 풍차 뒤쪽에서
백마를 탄 전사가 창을 들고 돌진해 온다

악당들아 심판을 받으라
난 정의의 용사 돈키호테다

전쟁의 신께 기도하네
불의를 물리치고 정의를 바로 세우게 하소서

악당들은 물러가고 선한 자들이여 오라
이 땅에서 정의가 뿌리내리게 악을 물리치리라

난 적진을 향해 돌진하네
전쟁의 신께서 나를 지켜 주시고 보호하시니
난 두려움이 없이 용맹하게 나아가네

적들을 향해 창을 던지고 정의의 칼을 휘두르니
적들은 산산이 흩어지고 달아나네

나의 용맹에 놀란 적들은 겁을 먹고
있는 힘을 다해 달아나네

우리의 용사들은 용기 충천하여
적진을 향해 돌진하니
적은 섬멸되고 우리는 승리하네

승리의 신께 기도하네
우리는 이겼노라
악의를 물리치고 정의를 바로 세웠노라

승리의 신이시여 영광을 받으소서
전쟁의 신이시여 승리를 받으소서

우리는 전쟁의 신과
승리의 신을 믿고 앞으로 나아가네

불의를 응징하고
악을 물리치고 세상을 평정하네

세상은 정의의 나라가 되고
선한 자들의 낙원이 되었나니

우리 곁에는 항상 평화의 신이 보호하시고
승리의 신이 영광을 안겨 주시네

세고비아

알카사르 성에서
잠자는 숲속의 미녀 이야기를 듣는다네

그대를 찾아왔네 바람 따라서

강가를 거니며 들길을 걸어 보아도
그대는 보이지 않고
먼 하늘로 새들만 날아가네

그대를 찾아왔네 구름 따라서

산에 올라 불러 보아도
동굴에 들어가 불러 보아도
그대는 대답이 없고 강물만 바다로 흘러가네

그대를 찾아왔네 비를 따라서

호숫가에 앉아 기다려 봐도

계곡에 앉아 찾아보아도
그대의 흔적을 찾을 길 없고 바람만 휑하니 지나가네

지친 몸으로 숲에 앉아 하늘을 보네

바람결에 그대의 신음을 들었네
칼로 가시덤불을 헤치고 숲의 문으로 들어가네

마법에 걸린 숲은 모두 다 잠들어 있다네

거대한 숲은 겨울왕국으로 꽁꽁 얼어 있네
깨어 있는 건 오직 바람뿐

바람 소리에 희미하게 들리는 신음
정의의 칼로 문을 열고 들어가네

깊이 잠든 그대를 안고 마법을 외우네

숲의 정령이여 잠에서 깨어나라
사랑의 여신이여 사랑을 베푸소서

잠든 공주를 안고 사랑의 키스를 하네
그대는 기지개를 켜며 누구세요 묻네

나는 그대를 구한 정의의 왕자요
그대 전생의 사랑이오

그대는 눈을 크게 뜨고 꿈에서 깨어나
오 내 사랑 하며 안기네

우리는 서로 안고 춤을 추네
마법에 걸린 그대를 사랑의 키스로 깨우고
우리는 행복의 보금자리로 돌아가네

천년 나무가 춤추고
숲의 요정이 행복의 노래를 부르네

숲속의 공주님 사랑해요
정의의 왕자님 축하해요

슬픔은 사라지고 밝음이 밝아 오네
세상은 깨어나고 환희의 합창이 메아리치네

마드리드

달콤한 과일 향기가 유혹하네

나는 네 발로 팔짝팔짝 뛰면서
바람 부는 곳으로 달려갔네

산기슭에서
딸기가 붉게 익어 가고 있었네

탐스럽게 잘 익은 딸기를
정신없이 따 먹으며 신나게 놀고 있는데
저 멀리 누군가가 다가오네

어깨에 바구니를 메고 손에 들것을 들고
흥겨운 노래를 부르며 다가오네

황금빛 머리에 잘생긴 소년이 햇살같이 웃으며 다가오네

나는 큰 나무 뒤로 숨어 지켜본다네

그 소년은 딸기 숲에 다가오더니 딸기를 따면서 노래를 부르네
밝은 표정으로 티 없이 맑은 사랑의 노래를 부르네

이 산딸기 한 바구니 따서 사랑하는 안나에게 선물해야지
그애가 좋아하는 모습을 생각만 해도 신나고 즐겁다네
나머지 한 바구니는 엄마 갖다 드리면 좋아하실 거야

산딸기를 다 딸 무렵
소년의 어머니가 숲으로 걸어오고 있었네

나는 호기심에 그 소년을 바라보았네
그때 그 소년이 엄마에게 큰 소리로 소리쳤네

마드레 이드
스페인어로 엄마 도망가
여기서 마드리드라는 이름이 유래되었다네

나는 야생곰
천생이 온순하고 얌전하다네

사람들은 나를 난폭한 야생곰으로 여기지만

나는 자유롭게 뛰놀며 야생 과일과 들풀
작은 벌레를 먹으며 살아가는 평화주의자라네

숲은 원래 우리의 동산
자유를 침해하고 권리를 빼앗아 간 것은 사람이라네

공존과 평화의 구역을 허물고
우리 영역을 침탈하고 삶의 터전을 방해하며
자기들의 이익을 위해 개간하고
목축지와 밭을 만들어 버렸다네

우리는 점점 영역을 잃어 가고 반경이 좁아져
먹이 구하기도 살아가기도 힘들다네

마드레 이드
엄마 도망가라고 하기보다는

숲을 곰에게
그들의 동산을 그들에게로라고
외쳐 주기를 바란다네

6부

산토리니

산토리니

사랑의 신이시여
우리의 영혼을 축복하소서

난 사랑의 신 에로스라네
연인들의 사랑을 맺어 준다네

사랑을 원하거든 산토리니에서 시작하고
사랑을 하려거든 산토리니에서 끝을 맺어라

흰 건물과 푸른 지붕
해안가 절벽을 따라 늘어선 불빛들
달빛 아래 풍경은 수채화를 뿌리며 다가온다네

해넘이에 사랑이 시작되고
그 사랑은 밤새 지속되다 새벽녘에 잠이 드네

하얀 절벽 가파른 계단을 따라
에게해의 파도가 쉼 없이 반짝이는

산토리니에서는

사랑하는 이에게 엽서 한 장을 부쳐라

사랑이 이루어지는 요정의 길

엽서 한 장을 부치면서 사랑은 시작되고

엽서 한 장을 받은 그대는 사랑의 포로가 되나니

사랑을 원하거든 산토리니에서 시작하고

사랑을 하려거든 산토리니에서 끝을 맺어라

나는 사랑의 신 에로스라네

산토리니에서 아름다운 사랑을 맺어 준다네

그 감미로운 사랑의 노래여

산천에 꽃 피고 새 지저귀네

들에도 강에도 피어난 소망의 꽃이여

저 하늘의 맑음과 바다의 푸름

마음을 밝히는 희망의 꽃이여

예쁜 꽃송이 아름다운 이 땅에

탐스러운 꽃송이 어여쁜 산하에

서로 존경하고 사랑하라 하네

들에는 들꽃 산에는 산꽃
바다에도 강에도 피어난 믿음의 물꽃이여

꽃 한 송이 우정의 증표로 드리고
꽃 한 송이 믿음의 증거로 드리니
세상은 밝음과 공정이 있으라 하네

꽃 한 송이 나눔이 태양같이 빛나고
꽃 한 송이 드림이 달빛같이 고와라

강에는 꽃 피고 꽃이 피네
산에도 들에도 피어난 사랑의 꽃이여

해맑은 향기는 인품을 닮고
소담한 꽃송이는 웃음을 닮았으니
인생은 꽃밭이고 사랑은 봄날이네

우리의 인생도 저 꽃같이
고운 말로 격려하고 존경과 사랑을 듬뿍 나눌지니

꽃보다 향기롭고 존귀하게 빛나는
오 아름다운 인생이여

이 땅에 태어난 우리는
꽃보다 사랑스럽고 행복하여라

돌담 어귀에 둥실 달님이 오시면 슬픔은 사라지고
정화된 마음에 평화가 오니 고운 달빛에 위안을 받네

새초롬한 별빛이 바다에 내리면
미움과 증오는 사라지고
용서와 화해가 손잡고
한 몸 되어 덩실덩실 춤을 추네

한 떨기 바람 나뭇잎에 내리면
상처는 치유되고 아픔은 사라지니
모든 액운 다 날려 버리고
좋은 일들이 웃으며 살갑게 다가오네

찬란한 햇살 아래 아침이 내리면
어둠은 사라지고 밝음이 가득하니

앞날은 희망차고 맑은 기운으로 새 삶을 도전하네

이 땅 위에 축복을
이토록 아름다운 세상에
모든 행운과 예쁨을 다 받을 차례니

달빛 고움이
맑은 바람이
찬란한 태양은 내 인생의 무지개

새날을 맞이하고
새 삶을 약속받고
큰 기지개를 켜며 인생은 하늘 높이 날아오르네

이 축복된 땅에
아름다운 산하에 사랑할 일만 남았으니

아름다운 인생이여
은혜로운 삶이여
서로 사랑하고 사랑할지니

오 사랑의 산토리니여

산토리니보다

더 아름다운 내 사랑이여

우린 사랑했네 산토리니에서

우린 이별했네 산토리니에서

파로스

한 마리 새는 자유를 꿈꾼다

평온함은 올리브 나무에 앉아 쉬고
안락함은 소나무 숲에서 잠드네

언덕 위에 하얀 집
달빛에 빛나는 흰 대리석
그 꿈의 동산에서 영혼은 쉼을 갖는다

그 안온의 깊음과 평온함의 아늑함
아름다운 풍경은 자유를 마신다

봄바람의 여운과
영혼이 잠자리를 준비하는 놀을 바라보며
심해의 긴 호흡을 다독인다

달빛 아래 반짝이는 바닷가
불빛에 어우러진 파로스의 풍경에 잠긴다

흰 대리석에 빛나는 별빛
창문 너머로 펼쳐진 바다

하얀색 건물들 사이로 오가는 사람들
좁은 길목마다 정감이 폭발한다

달빛에 빛나는 야외테라스에 앉아
육체에 잠긴 영혼을 되돌아본다

삶에 지친 그대여

저 구름은 어디에서 오는가
서로 얼굴을 보라 하고

저 바람은 어디로 가는가
서로 이야기를 나누라 하네

본래 그대의 천성은 푸른 숲인데
지금은 저 거친 바다를 닮았네

긴 겨울을 이겨 낸 꽃 한 송이

그대에게 드리고

환하게 웃는 그 얼굴 보고 싶어라

때로 삶에 지치고 인생 고달파도

험한 세상 이겨 낼 용기로

너무 노여워하거나 절망하지 마세요

지금부터 울분 슬픔 괴로움

모두 다 떨쳐 버리고

봄꽃 향기 달콤한 인생의 봄을 준비하세요

물 한 방울이 바위를 뚫듯이

재기의 용기만 있다면 못 할 일도 없어요

우리가 위대한 것은

절망에 굴하지 않고 쓰러질 때마다

다시 일어서는 용기예요

생각을 바꾸니

새로운 인생이 다가오네요

우린 다시 시작했네
사랑의 파로스에서

크레타

먼 옛날
신께서 깊은 생각에 잠겼다

신들을 위한 세계가 아닌
인간의 세상을 만들어 주리라고

혼돈의 시기가 거치고
신의 영역에 평화가 찾아오자

신을 닮은 인간을 만들고
생명을 불어넣고
지상에 밝은 빛과 물을 주셨다

해와 달의 반복됨이 흐른 뒤
지상은 초목으로 푸르고 생명은 넘쳐났다

지상의 인간들은
서로 사랑하며 달콤한 행복을 맛보았다

어느 날 신은

인간들이 너무 행복하게 사는 것을 보고

마음이 변해 신들을 위한 제물을 원했고

인간은 신의 뜻에 따라 제물을 공양했다

이곳은 신의 영역

신들이 활동하며 이야기를 만들고

신들의 이야기가 살아 있는 전설의 땅이다

유럽 최초의 문명인 미노스 문명의 발상지로

크로노스 궁전 유물에서

화려한 부귀영화를 엿본다네

에메랄드빛 바다 위에 뭉게구름 두둥실

흰 건물 위 빨간색 지붕 위로 신들이 돌아다니며

신화와 낭만을 공유하고 있다

아기자기한 골목과 건물들

핑크빛 모래에 투명한 바다가 살아 있다

고대 신화 속

신들의 왕인 제우스가 태어난
미노스 문명의 중심지에 서라

몸은 사람이지만
머리는 황소를 닮은 미노타우로스를
영원히 미로에 가두어 두고
젊은 남녀 열네 명을 강제로 제물로 바치도록 한 미노스 왕

아테네의 영웅 테세우스는
자신의 조국 그리스를 위해 크레타섬으로 지원하여 들어와
자신을 사랑한 미노스의 딸
아리아드네가 알려 준 대로 실타래를 풀면서
미궁으로 들어가 미노타우로스를 죽이고 그 실을 되감으며
미궁을 탈출했다는 미노스 왕과 그리스 신화

사랑을 위해 목숨을 거는 것만큼 고귀한 것은 없나니
하나밖에 없는 생명을
사랑을 위해 바친다는 것은 숭고한 아름다움이다

인류의 밝음은 그 숭고한 가치와 희생이 있기에
인류의 희망은 꺼지지 않는 불씨로 계속 타오르리라

투명하게 맑은 바다에
신들이 물감을 풀어놓고 바람이 흩어놓는다

크레타섬에서 하루를 지낸 후
아쉬움이 남거든 만 하루만 더 묵으며 인생을 관조하라

나는 누구이며
인간이란
신이란
그 오묘한 해답을 찾으리라

메테오라

한 뼘 더 가까이
한 발짝 더 가까이 보려하네

까치발로 다가서네
천상의 세계로

하늘과 맞닿은 공중 위의 수도원
깎아지른 절벽 위에 올라 천상을 우러러보네

그 소망의 간절함은
돌출바위 기둥 중간중간에 뚫린 바위굴을 이용해 오르내리고
땅과 수도원을 밧줄 그물 망태 접는 사다리를 이용해 오간다네

돌기둥과 돌기둥은 굳건한 믿음의 징표로
하늘과 맞닿은 듯한 수도원은
고도를 기다리는 신앙인의 표상이네

믿음이 증거되고 신의 계시가 실현되는 곳

거룩하고 숭고한 경외감으로 기도하네

공중 위의 수도원 메테오라에서 기도하면
한 가지 소원은 이루어 주신다니

신이시여
다음에 다시 한 번 이곳에 올 수 있게 하소서

그리운 동산을 향해 나아가네
그곳은 꽃과 향기의 나라
자유가 춤추고 평화가 노래하네

미움과 시기 질투가 영원히 사라지고
사랑과 나눔의 기쁨이 충만하다네

그곳은 태초에도 존재했고
그 이전에도 존재했고
미래에도 존재한다네

우리의 영혼은
천상의 단계에서 소임을 다하고

더 높은 단계로 올라가기 위해 구도하네

선행으로 계단을 좁히고
악행으로 계단을 늘리는 것은 각자의 소임이네

저 푸른 풀밭에서 뛰노는 양떼들은
선한 목자의 그늘에서 편히 쉬며 사나니

그들은 근심 걱정 없고 천적에게서 안전하니
그 보살핌과 은혜로움으로 천수를 누리네

하늘의 빛 영광 있으라

지상에서 울리는 천상의 경외감
믿는 대로 구원받고 영생을 얻으리니

쉬지 말고 기도하라
범사에 감사하며
믿음 안에서 살아라

신께서는
모든 것을 다 보고 계시니라

미코노스

햇살은 유리 조각처럼
푸른 바다에서 반짝이고
순백의 섬은 별과 달이 마주 보며 하얀 파도에 빛나네

대지를 떠났던 배 항구에 들어오고
고대 신들의 전쟁으로 찢기고 황폐해진 땅에서도
흰 장미꽃 한 송이 피었나니

태양신 아폴로의 손자 뮈코노스에서 기원한
에게해의 진주
이곳은 바람의 섬 미코노스라네

천상의 날개여
슬프고도 아름다운 달빛이여

그대의 눈은 이미 천상에 잠들고
영혼은 달빛을 건너네

지상의 슬픔은
그대의 마지막 옷자락을 붙잡고
절망의 눈동자에 그대를 묻네

아픔으로 텅 빈 가슴이여
절망은 망망대해 외로운 구름
슬프고도 아름다운 은하수 계곡을 건너는 영혼이여

그대의 차가운 눈은 이미 천상에 들고
싸늘한 몸의 온기는 이미 새처럼 날아가네

차가운 몸을 어루만지며
뜨거운 눈물은 그대의 볼에 넘쳐흐르고
감각 없는 그대를 감싸안고 통곡하며 울부짖네

슬프고도 아름다운 천상이여
여기 내 사랑하는 이를 정중히 보내 드리니
고이 받아 주시고

존귀와 영예에 어긋남이 없이
극진한 예를 갖추어 맞아 주소서

내 사랑하는 이의 영생을 위해
이 몸은 죽고 죽어
그 곁을 지키는 영혼으로 메아리치네

육체의 쉼과 영혼의 안식
바다를 향해 줄지어 선 풍차

순백의 섬에
흰색 건물들이 해안을 내려다보며 줄지어 서 있네

파란 바닷물은 섬과 섬 사이를 넘나들며
옹기종기 모여 있는 집들을 더욱 하얗게 만든다네

골목을 걷노라면
하얀 건물로 이어진 창문에서
원주민이 안녕하며 인사를 하네

한 모퉁이에서는
어디선가 본 듯한 다정한 얼굴이 웃어 주고

부둣가에 고깃배 들어올 때

어스름한 달빛에 와인을 마시며 슬픔을 달랜다네

수만 겁의 세월이 파도에 밀리고
그 파도는 바위를 깎아내어 자연의 작품을 만든다네

행복은 멀리 있는 게 아니라
일상의 가까운 곳에 있나니

우린 사랑했네
바닷가에서

우린 행복했네
진주조개잡이 달콤함 속에서

폭풍우 치던 밤
내 사랑은 고기잡이 나갔다
파도에 휩쓸려 돌아오지 못했네

며칠 후 사랑하는 이의 주검 앞에
난 슬픔을 견디지 못하고 세상을 떠났네

어느 노인이 우리를 양지바른 곳에
곱게 묻어 주었는데
그 자리에서 꽃이 피어났네

이승에서 못다 한 사랑 저승에서 영생을 누리다가
한여름 태양을 따라 내려와
지상에서 백 일 동안 사랑하다 천상으로 올라간다네

살아서도 내 사랑
죽어서도 내 사랑

사랑하는 사람을 위해서라면
일백 번을 죽어도 원한이 없는 백일홍이라네

그 애틋한 사랑 이야기여

그 옛날 미코노스섬 전쟁을 종식한 헤라클레스가
저 멀리 범선을 타고 오면서 우리를 부르네

하얀 파도
거울처럼 반짝이는 햇살
자유는 사랑이 되고 꿈은 행복이 된다네

아테네

신들의 고향에서 꽃 한 송이를 보노라
정원에서 원초적 신화를 만나고
신들의 고향 이야기를 듣나니

돌 하나
풀 한 포기
바람 한 점마저
성스러운 곳으로 신들이 선택한 땅이니라

하늘의 신과 대지의 여신
비바람과 폭풍우
추움과 더움
사계절을 관장하며 생사와 미와 추함까지

전쟁과 평화
사랑과 증오를 아우르는 신들의 터전이다

아테네 신전에서 신의 음성을 듣는다

미의 여신에 반하고
전쟁의 신께 구하고 평화의 신께 빌어 본다
이 땅 위에 자유와 평화를

사랑의 신을 만나
이 땅 위에 사랑이 넘쳐나길 기도하네

풍요와 자유가 숨 쉬고
안온과 안식이 풍부한 지상의 복됨을 빌어 보네

아테네 신이시여
지상의 행복을 위해 힘써 주소서

아테네 신전에 영광을
지상의 인간에게 사랑을

태초에
세상은 하늘과 물뿐이었다
물은 지상에 있는 모든 것을 삼키고 쓸어버렸다
대지는 부서지고 갈라지고 흔적 없이 사라졌다

존재하는 건 하늘과 물뿐
영혼이 통곡하고
마지막 남은 절규의 몸짓이 하늘에 닿았다

수마는 제 세상을 만났고 땅을 삼키고 산을 허물고
땅에 있는 모든 것을 물에 가뒀다

오직 죽음만이 유일했고
선택받은 생명만이 살아남았다

파괴의 신이시여
다 때려 부수고 파멸시키소서
흔적조차 남기지 말고 다 쓸어버리소서

일어나라 산들바람이여
춤춰라 초목이여
창궐하라 새 생명이여

차고도 넘치게 흘러 쓸어버린 저 물 위에서
강인함과 끈질긴 생명력을 보여 다오

불의와 타락을 삼키고

부조리와 추함을 집어삼킨 물 위에서

정의와 의를 새롭게 밝혀 다오

이 땅의 정의를 다시 세우나니

정도에 맞고 이치에 합당한 일들로 희망을 빛낼지어다

화난 얼굴로 싹 쓸어버린 물 위에

온화한 평화와 안식을 뿌려라

파괴 후에 재창조된 신선함이여

빗줄기에 다시 태어나는 세상이여

밝음과 맑음만이 가득하여라

파괴는 창조의 어머니

아무것도 없는 곳에서도

새 생명은 태어나고 새 역사가 시작되나니

위대한 인간이여

끝내 승리하고 최후의 주인이 되어라

태양의 신께 기도하네
정신의 강인함을

대지의 신께 기도하네
육체의 건강을

바다의 신께 기도하네
풍요와 안전을

바람의 신께 기도하네
삶의 지혜를

사랑의 신께 기도하네
충만한 사랑을

모든 신께 기도하네
이 땅의 평화를

믿음의 영혼에게
축복을 내리소서

블레드 호수

난 블레드 호수에서 춤추는 백조라네

알프스의 눈동자
블레드 성 공주님을 기다리네

맑고 푸른 호수에
황금마차를 탄 공주님을 보호하며
호위무사와 나룻배 행렬이 지나가네

난 한 마리 백조
하얀 날개를 활짝 펴고 우아하게 춤을 추네

소망과 희망 기대를 가득안고
우아하고 세련되게 춤을 추네

공주님께서 나를 바라보며
오 아름다운 백조여
이 말 한마디면 난 인간으로 되돌아 갈 수 있다네

난 알프스 왕국의 왕자였으나
마법에 걸려 백조가 되었다네

나룻배의 마지막 행렬이 지나가고
블레드 공주님은 성안으로 들어가네

오 나의 공주님
내일은 부디 저를 한번 봐 주세요

아름다운 백조여
이 말 한 마디를 듣기 위해 블레드 공주님만 바라본다네

난 다음 날을 기대하며 슬픔의 노래를 부르네

산에서 피어난 그 붉은 꽃
짝을 잃은 영혼이 피를 토하며 피어나는 꽃

산에서 살아가는 그 파랑새
죽은 임을 그리워하며 지저귀는 새

푸른 언덕에서 우리는 사랑했네

바위틈에 집을 짓고 행복했던 그 어느 날

아빠 새 먹이 구하러 나갔다
영영 돌아오지 못했네
엄마 새는 상심하며 울다 지쳐 죽었네

어느 날 산새 부부 땅에 묻힌 그 자리에
꽃 한 송이 피었네

피를 토하며 죽은 그 자리에
붉디붉은 꽃 한 송이 피었네

그 붉은 꽃 온 산에 뒤덮이던 날

이름 모를 새 한 마리 날아와
슬피 울다 떠났네

그 자리에서 붉은 꽃 홀로 웃고 있었네

플리트비체

숲에서 천상의 소리를 들어요

나뭇잎 속삭임
작은 벌레들의 합창

새의 날갯짓
물소리의 율동

그중 맑은 물소리에 이끌려 하늘을 높이 날았죠

이곳저곳을 날며
수백 개의 폭포가 솟아나고 흘러내리는 것을 보았죠

싱그러운 나뭇잎
물고기의 생동력
잔잔히 흐르는 물결

폭포에서 세차게 흐르는 물소리와

계곡에서 펄쩍 뛰노는 물고기까지

하늘엔 작은 새들이 날고
나무 둥지에 새끼들이 자라죠

봄꽃 향기에
싱그러운 물소리

지저귀는 새소리와
뛰어다니며 춤추는 동물들

이 세상이 탄생하기 전
혼돈의 시기에 암흑만이 가득했나니

신들의 시대에도 세상은 불안전하고
신들의 전쟁과
질투와 사랑에도
한 가지 부족한 것이 있었으니
이 땅을 지배하고 다스릴 사람이었다
어느 날
흙을 빚어 인간을 만들고

지상을 다스리며 가꾸라 하시니

신이 보시기에 좋았더라

그 이전은 암흑과 혼돈의 시대
풀잎의 향기
푸른 나뭇잎
맑은 바람
하늘을 오가는 흰 구름

자연은 아름답고 그 자연에서 살아가는
인간은 에덴의 동산에서 행복했어라

사탄의 유혹에 넘어가 죄를 짓기 전
그 동산은 천국이었으나
동산에서 추방당한 인간은
노동과 산고의 고통을 얻고 원죄를 안게 되었나니

그 에덴의 동쪽에서
하늘 높이 날며 지상낙원을 보았죠

사랑과 평화가 풍요로 넘치는
사람들은 플리트비체라 했어요

자상의 낙원
플리트비체는 사랑의 하모니예요

두브로브니크

아드리아해 코발트 빛 바다에
한 떨기 장미가 빛나네

나는 바다의 요정 네레이데스

장미꽃을 보기 위해
달 밝은 밤 항구에 올라온다네

비밀의 공간인 붉은 성과 황갈색 지붕 위에서
밤새 노닐다가 새벽닭이 울면
바다 깊은 곳 은으로 된 동굴로 돌아가네

나는 물의 요정 나이아데스

지상낙원을 보기 위해
별빛 찬란한 밤 붉은 성으로 올라온다네

성에서 밤새 노래하고 춤추며 잘생긴 선원을 유혹하다

별빛이 사라지면
연못 깊은 곳 진주로 된 동굴로 돌아가네

지상의 아름다움이 천상을 눈부시게 하는
아드리아해의 장미꽃

바라볼수록 좋은 그대같이
바로크 양식의 고풍은
요정의 나라에서도 그리운 곳이라네

지상의 아름다운 장미꽃
아드리아해의 보석
지상낙원의 눈동자가 요정을 매료하네

나는 물의 요정 나이아데스

견고한 고성과 붉은 지붕
푸른 바다에 부서지는 파도를 타고
항구로 들어오는 잘생긴 선원을 유혹하며
노래하고 춤추는
물의 요정 나이아데스라네

좁고 긴 해안선을 따라
황갈색 지붕의 건물들이 알록달록 줄지어 있는 곳에서
잘생긴 내 사랑 선원과 살고 싶다네

스르지산 전망대에 올라
에메랄드 빛 바다에 빛나는 한 떨기 장미를 바라보네

아드리아해의 보석
사랑의 눈동자가 그대를 유혹하며
지상의 행복을 전하네

두브로브니크에서는 오래 머물지 마라
한번 사랑에 빠지면 헤어나기 어려우니

가벼운 눈 맞춤으로 만족하고
곧바로 그대 갈 길을 가라

자킨토스

파도 소리 따라왔네 그대 찾아서

저 파도는 수천 겹 세월을 참고
수만 겹 아픔을 견디며 부딪치고 부서지네

마음속에는 수천 겹 그리움이 있고
수만 겹 사랑이 있다네

파도를 바라보며 사랑 노래를 부른다네

저 파도 수천만 겹 아픔을 딛고 바람 맞고
내 사랑 수천만 겹 시련을 딛고 당신을 맞이하네

바람 없는 파도를 생각할 수 없고
당신 없는 나를 생각할 수 없네

부서져라 파도여
피어나라 사랑이여

수천만 겁 바람에 부닥치고 파도에 밀려
하얀 바위가 된 자킨토스 해변이여

우리의 사랑 파도가 되어
푸른 지구에서 영원한 안식을 갖는다네

천년이 주어진다 해도
만년이 다가온다 해도
그 시간은 전부 다 당신께 드리다

그 영겁도 당신과 함께
이생을 다하고 저 생에 가더라도 다 당신과 함께

살아온 지난날도
살아갈 앞날도
사후의 불멸도
다 당신께 드리다

살아생전 지상낙원도
사후의 천국도
그 이후의 영생도 그대와 함께

내 모든 것을 다 바쳐 사랑한 당신

당신도 내 마음과 같다면 천국에 함께 있음이니

천상에 오르는 날 그대 손잡고 함께 가리라

그렇지 않다면

우리 영혼은 지옥으로 떨어지리니

사랑의 영혼이여

기뻐하며 축복을 받을지어다

스플리트

한때 난 로마의 황제였으나
아드리아해 남부 해안가에서 바람 같은 여생을 보낸다네

지금 가진 것도 처음에 내 것이 아니었고
현재의 삶은 미래를 빌려 쓰는 시간이니
모든 욕심은 허무하고 무상하다네

한평생 사는 동안
욕심대로 살 수 없는 게 인생이니
놓고 비우며 사는 것이 천상의 밝음이네

황체의 자리에서 물러나니
아드리아해의 햇살은 더욱 눈부시게 빛나고
붉은 지붕 아래 탁 트인 푸른 바닷가에서 인생을 즐기네

마르얀 언덕으로 이어진 해변 산책로를 걸으며
항구와 바다를 조망하고 떠나가는 배를 바라보며
티 없이 맑고 깨끗하게 살다

천사가 잠들 듯
평온한 모습으로 영면하기를 기도하네

어느 영혼은 다음 세상에
부귀영화를 바라고 권세와 명예를 바라지만
참된 영혼은 가난한 노래에 씨를 뿌리나니

천상의 소리를 들으며
지상의 즐거움에 기도한다네

자유로움과 골목을 마음대로 걸어 다니는 개방과
만나고 싶은 사람을 만나고
하고 싶은 말을 나눌 수 있는 일상의 시간과 자유를 원하네

해변에서 일광욕을 즐기며
두 볼을 스치는 바람과
귓가에 들리는 파도에 행복을 담는다네

놀지는 바닷가에서
사랑하는 사람과 함께하는 시간이 참된 행복이네

그 일상의 소박하고 위대한 삶은
바다의 요정도 하늘의 천사도 부러움의 대상이며
동경의 상징이라네

내려놓는다는 것은 용기 있는 결단이다
그 용기로 인해 인생은 풍요롭고 여유로워진다

황제가 스스로 왕위를 포기하고
생의 마지막을 즐겼던 디오클레티아누스 궁전에서
자아 성찰의 시간을 갖는다

어느 누가 황제의 자리를 포기하고
그 누가 부귀영화를 마다하리요

참된 삶이 무엇인지
진정 원하는 행복이 무엇인지
한 번쯤 생각해 볼 일이다

간절한 소망이 하나 있다면
그레고리우스 닌 대주교의 동상 엄지발가락을 만지며
소원을 비는 일이다

크로아티아인이 모국어로 예배를 볼 수 있도록
투쟁한 대주교께서 들어주시리니

지금의 자유가 영원하기를
인류의 평화와 사랑이 영원하기를 기도하네

자그레브

한 떨기 바람이 꽃잎을 깨우네요

오랫동안 꿈꾸어 왔던
반짝이는 사바강의 들장미를 찾아왔네

서로 존재조차 몰랐던
그대는 바람 나는 야생화

그대의 눈웃음에 정신을 차릴 수가 없네요

햇살은 봄바람에 흩어지고
바람은 나뭇잎 사이로 향기를 실어 오네요

그대의 향기는 바람 타고
강하게 나를 유혹하네요

그대의 향기에 묻혀
산책을 하고 일광욕도 즐기며

고성에 올라 하늘을 보며 구시가를 감상하네요

그대는 나무 그늘에 앉아 있어도
골목길 노천카페에 앉아 있어도
싱그러운 햇살같이 드러나고 다가오네요

당신과 함께한 시간은
일상의 일탈로 인생이 향기롭네요

오늘은 모든 것 다 내려놓고
맥주에 취하고 맛있는 음식을 맛보며 현지인처럼 즐겨요

인생은 나그네
한평생 사는 것이 한여름 소낙비 같은 여정이라네

쌍둥이 첨탑이 우뚝 선 자그레브 대성당에서 기도하네

황금빛 성모 마리아 님
이 땅의 살아 있는 모든 생명에게 은총을 주소서
바람이 꽃잎을 깨우네요
꽃봉오리는 세상에 나올 준비를 하고 있어요

간간이 바람이 꽃봉오리를 흔들어 보네요
그 감각에 작은 꽃이 눈을 살짝 떠 보네요

새 지저귀고 나비 춤추며
꽃봉오리는 반가움에 꽃을 활짝 피우네요

꽃을 보고 새 날아오고 나비 춤추며
새싹들이 축하의 노래를 불러요

꽃은 세상을 밝게 밝히며
향기로운 세상을 만드네요

대지는 새싹들로 푸르고
초목은 싱그럽고 바람은 온갖 만물을 깨우네요

꽃은 함박웃음으로 벌레와 곤충을 유혹하고
꽃향기는 새들을 초대하여 잔치를 베푸네요

지상의 아름다움이 꽃과 같고
지상의 풍요로움이 꽃동산에서 피어나네요

바람은 꽃잎은 깨우곤 자기 갈 길을 가고
꽃은 바람과 작별 인사를 하며 고마움을 전하네요

세상의 모든 것은 자기 역할이 있고 영역이 있어요
그 소명이 우리를 깨우네요

자다르

당신은 바람 나는 파도
미풍에 옷을 살랑이는 당신은 제피로스

봄의 찬가에
꽃망울을 터트리는 사랑의 여신이여

당신이 다가오면
설렘으로 노래 부를 준비를 하죠

난 언제나 당신을 위해 노래하며 춤추죠
당신은 살며시 다가와 나의 영혼을 깨우죠

바람은 사랑의 숨결
영혼은 바람 타고 흘러가네
저 깊은 바다로

바람은 사랑의 향기
영혼은 바람에 깨어나

그대에게로 날아가네

바람은 사랑의 멜로디
그대 위해 노래하며 춤추는 나는야 파도

태양은 쉬는 날이 없고
달은 멈춰 서는 날이 없고
우리의 사랑 노래는 끝이 없어요

나는 당신 위해 창조적인 힘을 발휘하며
생명의 씨앗을 뿌리고
재생과 탄생을 반복하죠

사랑의 생명수를 당신에게만 드릴게요
건강과 치유 영생까지도 아낌없이 다 드릴게요
이 노래는 당신만이 끝낼 수 있어요

당신을 바라보며
당신만을 사랑하는 난 파도
오늘도 당신을 기다리며 노래하며 춤추죠

저 파도
아침에 고요 오후엔 잔물결
저녁에 너울거리다 밤에 폭풍우네요

고요할 때 폭풍우 오리라 생각 않고
폭풍우 몰아칠 때
고요가 오고 있음을 생각하지 않아요

파도는 변화를 거듭하지만
우리는 본질은 보지 않고
겉으로 보이는 것만 바라봐요

인생도 이와 같거늘
좋은 시절에 다가올 시련을 대비하지 않고
모진 시련 앞에
곧 나아지리라는 희망을 갖기가 쉽지 않아요

어렸을 때 앞날을 알차게 계획하기 쉽지 않고
청춘일 때 노년의 삶을 준비하기가 쉽지 않죠

어느 날 폭풍우가 지난 후 깨달아요

태어나 늙어 가며
자연으로 순환되는 것이 순리임에도 본질을 잊고 살지요

7부

융프라우

인터라켄

신선한 바람
호수의 잔물결에 안기는 햇살이여

초목은 일상에 지친 영혼에게
쉬엄쉬엄 쉬면서 느릿느릿 오라 하네

몸과 마음을 재 충천하는 곳
인터라켄에선 느림이 미학이다

물은 산을 품고 산은 물을 낳는다
빙하는 호수를 이루고 초목을 키운다

푸른 나뭇잎과 야생이 살아 있는 곳
자연을 닮은 사람들로 싱그럽다

인간 세상을 벗어난 영혼이여
쉼으로 인생을 되돌아보아라

서두를 일도 급할 것도 없나니
자유를 누리며 평화의 눈으로 즐겨라

언덕 위 소 떼 뛰놀고
푸른 숲 나무들 사이로
초록의 세상이 청정하게 펼쳐진 자연으로 돌아가라

생기로운 영혼이여 사랑을 노래하라
이 시간은 그대 인생의 최고의 순간이니
즐기며 노래하라

나는 보았네
호숫가의 야생화를
짧은 봄에 꽃 피우고 열매 맺어 긴 겨울을 준비하네

겨울 왕국은 길고 혹독하지만
난 이곳이 제일 좋다네

봄에는 봄꽃
여름 초록 나무와
가을 단풍에

겨울 왕국의 신선함이 끝없이 펼쳐진다네

겨울은 사랑의 시간
내 사랑과 긴 겨울을 함께 보내리니

행복하여라 아름다워라
자연에 놓인 영혼이
밤하늘의 무수히 별들을 바라보네

모래알처럼 많은 저 별 중에
그대와 나의 별이 만나 사랑을 하네

별들은 천상의 가로등
저 별은 신들의 등불로 천상을 밝힌다네

별이 빛나는 밤
뭉클한 감동을 함께 노래하네

저 별은 나의 별 이별은 그대 별
별에서 온 그대와 내가 만나
별 헤는 밤 사랑으로 하나 되네

별은 천상의 등불
융프라우 영험한 기상이 내려와 지상을 밝히네

그대와 내 영혼이 사랑을 나누는
인터라켄은 영혼의 쉼터라네

루체른 호수

실바람에 호숫가의 야생화가 살랑이네

나는 그중에서
가장 예쁜 꽃 한 송이를 그대에게 주었네

그대는 고마워요 말하며 웃네요
난 그대 손을 잡고 사랑해 말했네

산자락에 모인 흰 구름을
바람이 몰고 와 호수에 뿌리네

난 야생화에 물어보네
우리 임 기분이 어떤지
꽃은 웃기만 할 뿐 말이 없네

난 또 산 위에 해님에게 물어보네
우리 임 표정이 어떤지
해님은 웃기만 할 뿐 말이 없네

난 호숫가를 걸으며 노래 부르네
그대를 위한 사랑의 노래를

물고기가 춤추고 나뭇잎 춤추고
호숫가 나무에 기대선 그대도 웃네

저 멀리 증기선은 미끄러져 가고
호수의 풀과 나무가 태양에 빛나네

바람은 이따금 나뭇잎을 흔들고
나뭇잎은 바람을 흘려보내네

달 밝은 밤 물고기 한 마리 뛰어올랐네
그 물고기는 호수를 걸어다니며 말했네

루체른 호수여
물의 정령이여 호수의 신이시여

이다음에 다시 태어나거든
호수의 어부로 태어나게 하소서

난 루체른 호수에서 천 년을 살았지만
아직도 천 년을 더 기다려야 하고
천 년이 흐른 뒤 다시 천 년을 기다려야 하고

그 시간이 천 번을 반복해야
인간으로 태어날 수 있다네

난 그 시간을 앞당기고 싶네
지상낙원의 주인으로 빨리 태어나고 싶다네

루체른 호수여
물의 정령이여 호수의 신이시여

달 밝은 밤 물고기는 노래하며 춤추네
맑은 호수여
호수에 반짝이는 별빛이여
빛남을 기뻐하며 춤을 추어라

호수에 일렁이는 산들바람이여
맑고 신선함을 노래하라

호숫가에 앉은 인간이여

지상의 최고를 즐기며 누리는 자여

그대는 인간이니

축복받은 존재여 감사의 노래를 불러라

이 땅의 모든 생명아

살아 있음을 찬양하라

잘츠부르크

너는 세상의 빛이요 맛이니
네가 없다면 무엇으로 사랑을 전하리오

너는 한때 바다였으나 지각변동에 깊은 지하에 묻혔나니
너를 캐내기 위해 암염 광산을 개발했노라

잘츠 너는 소금이니

저기 찬란한 햇살이 너를 빛나게 하는구나
너는 세상의 빛이 되고 맛이니
입맛을 사로잡고 풍부한 맛으로 매료하도다

너를 칭송하는 노래가 들리나니
볼프강 아마데우스 모차르트 피아노 소나타를 연주하노라

어디서 무엇을 하며 어떻게 살 것인가

나는 누구인가 그 물음과 답을

소금과 모차르트에서 얻노니

너는 세상의 빛이요 희망이다

태초에 인간을 흙으로 빚었나니
생명을 다한 후 그 몸은 다시 흙으로 돌아가리라

세상은 부패하고 악취가 진동하니
타락과 썩음이 만연했다

신의 눈으로 보니 더 이상 볼 수가 없어
유황과 불로 인간 세상을 멸했느니

그 멸망의 시기를 계시하고 기회를 주었음에도
회개하지 않고 비웃으며 불신했노라

신의 노여움을 사서
인간 세상은 유황불에 태워졌느니

믿음이 강한 자만이 살아남았고
불신한 자들은 영원히 사라졌도다

타락과 불의가 만연한 세상에도
소금과 같은 사람이 있고
빛과 같은 사람이 있나니

그들은 신의 보호를 받아 마땅하고
신의 동산에서 영생을 얻음이 당연하다

모든 인간이 죽어 육신이 섞어진다 해도
세상의 빛과 소금 같은 영혼은 영원히 살리니

그 믿음 안에서 은총을 입고
그 믿음으로 거듭 태어나 천상에 오르리라

그러므로 너희는 세상의 빛이 되고
소금이 될지어다

세상을 밝게 하고 맑게 하며
희망의 빛이 되며 참맛을 더하나니

그 은혜로움이
인간 세상을 깨끗하게 하고 바른길로 인도하느니라

융프라우

신의 눈동자
알프스의 보석이 반짝이네

설경에 속살 감추고 빙하로 몸매를 숨겼어도
그 우아한 자태 완연하고
아름답게 빛나는 눈부심이 드러나니

영구동토층 만년설 알레치 빙하가
대형 거울에 반사된 듯
장엄한 광경이 눈을 멀게 한다

그 웅장한 위용과 기개에 걸맞은
이름에 담긴 뜻은 앙증맞은 젊은 아가씨란다

나는 융프라우의 처녀

만년설로 뒤덮인 봉우리를
구름으로 열었다 닫았다 하며

변화무쌍한 모습을 보여 주네

그리운 사람이 올 때는 부끄러워 몸을 숨기고
혼자 있는 시간에는 과감한 노출로 하늘을 열고
아무도 없을 때는
구름에서 벗어나 태양을 맞이하네

그리운 이를 그리워하는 것은 행복
사랑하는 이를 기다리는 것은 달콤함
아침 해가 빛나는 것은 그대 오실 징조라네

한 줄기 바람이 불어오는 것은 그대 오시는 숨소리
한낮의 태양이 높이 뜨는 것은 그대 향한 그리움

밤이 되고 찬바람 불면 또 내일을 기다리는
나는 융프라우의 처녀

좋은 사람이 올 때는
태양의 문을 활짝 열어 맞이하고
미운 사람이 올 때는
문을 닫아 눈보라를 휘몰아친다네

그리운 이의 발소리에 귀 기울이고
사랑하는 그대가 오실 때는
창문을 활짝 열고 태양을 밝혀 맞이한다네

나는 융프라우의 처녀
오늘은 오시려나 그리운 나의 임
눈 속에 숨어서 지켜본다네

오늘은 만나겠지 사랑하는 임
빙하 속에 숨어서 바라본다네

모진 바람
거센 눈보라도 두렵지 않네

사랑하는 그대를 만날 수만 있다면
얼음 속에서 숨이 멎는다 해도
그대 향한 사랑은 막을 길이 없다네

나는 융프라우의 처녀

천국으로 가는 계단에 서서 기도하네
다음 세상에는 인간으로 태어나게 해 주소서

할슈타트

나룻배는 달빛 호수에 미끄러져 가고
대지는 쉼을 요구한다

밤하늘은 휴식을 필요로 했다

사랑하는 사람과 만 이틀을 살며
별이 쏟아지는 호수에 달빛이 야생화를 흔들 때
하루만 더 당신과 사랑하고 싶은 곳

할슈타트에 오실 때는
꽃 한 송이 손에 들고 가볍게 오세요
난 호숫가에서 당신을 기다리고 있을게요

슬픔은 사라지고 아픔은 치유되나니
만 이틀이라는 시간이면 충분해요

할슈타트에 오실 때는
손에 등불을 들고 가볍게 오세요

희망은 빛나고 영혼은 안식을 준비하나니
지상의 아름다움을 영원한 사랑으로 노래해요

천고의 시기에
이곳은 온통 얼음과 겨울만 있었다네

빙하의 시기가 지나자
너는 세상에 나와 빛을 발하는구나

코고 작은 호수가 생겨나 주변에 풀과 나무가 자라고
숲을 이루어 천해 비경을 만들었다네

호수는 하늘을 담고
해와 달 구름을 담아
밤하늘의 별보다 더 반짝이는구나

호숫가에 오두막집 하나둘 생겨나고
목조건물들이 줄지어 서더니
호수마을은 한 폭의 그림이 되었네

알프스 산자락의 풍경이

호수와 이어져 동화마을이 되었구나

저기 나룻배 젓는 사공에게
여기의 삶이 어떠냐 물으니

천상에서 오라 할 때
만 하루만 더 쉬어 가게 해 달라 하는 곳이란다

천상에 급히 갈 일 없는 지상의 낙원

그래도 난 하루만 더 당신과 함께하고
남은 하루는 영생을 준비하려네

푸른 대지에 누워 신의 음성을 듣는다
하늘은 장엄한 모습으로 부름을 인도하네

맑은 바람꽃들의 춤사위
신선한 초록의 빛깔들
나뭇잎 사이로 새들이 날아가네

나는 따뜻한 신의 음성을 들으며

부드러운 대지의 노래를 듣는다네
황홀한 슬픔에 잠긴 이별의 노래를

이 밤이 지나면 영영 돌아올 수 없는 강을 건너는
마지막 이별의 노래를

강 언덕 나무 한 그루
그 옛날 우리 사랑의 맹세 증인 되어 서 있었네

그 나무에 앉은
작은 새들은 노래하고 별들은 빛났지

신선한 밤공기
황홀한 그믐달 빛을 받으며
그대를 안고 많은 이야기를 나누었지
별들이 사라지고 새벽닭이 울음 울 때
우리는 언덕에서 내려와 새벽잠에 들었네

맑은 공기
달콤한 바람
향긋한 인생

그날부터 우린 사랑에 빠졌네
그 이후 한평생을 같이하며 함께 살았네

이제 천수를 다하고
신의 음성을 들으며 천상에 오르려 하네

지난날은 놀라운 사랑의 찬가였고
살아온 인생은 사랑 그 자체였네

이 세상이 아름다운 것은 그대 있으매
한평생이 영예로웠던 것은 그대의 사랑이었네

꽃 한 송이 손에 들고
등불같이 그대 갈 길을 밝히네

살아서 영광 죽어서 영생
신이시여
우리의 영혼을 인도하소서

비엔나

빛나는 청춘
아름다운 인생이여

그대는 사랑을 노래하고
사랑의 향기는 삶을 풍요롭게 하네

생의 하루쯤
만 하루만이라도 영혼에게 자유를 주어라

인생의 딱 한 번만이라도
안식과 쉼을 자신에게 할애해 보라

태어나 죽는 순간까지
나를 위한 시간
오롯이 내 시간을 가져 본 적이 있었던가

타인을 위한 삶이 아닌 내 자신을 위한 시공간
그 영겁의 영혼을 만나 보라

육체의 건강과 활동
다시 오지 않을 내 인생의 하루는
오로지 나 자신을 위한 시간이다

아인슈페너 한잔에
모차르트 음악이면 충분하다

요한 스트라우스의 아름답고 푸른 도나우 왈츠에 맞춰
우아하게 춤추며 외쳐라
모두들 왈츠를

비엔나는 음악의 도시며 왈츠의 향기다

골목마다 울려 퍼지는 클래식과
그윽한 커피 향에 녹아내린다

언덕에 올라 쉰브룬 궁전을 바라보네
고대부터 중세의 시대로
근세를 넘어 현대까지

아름다운 정원과

도심을 오가는 사람들

고풍스러운 카페에서
아인슈페너 한잔을 마시며 인생의 향기를 더하네

한순간 우아한 귀족이 되고
왕족이 된 기분을 내는 것도 멋스러우리

모차르트 음악에 맞춰 비엔나 왈츠를 추며 어우러진 사람들
그 흥겨운 춤사위

우아한 동작과 고상한 표정으로
궁전 무도회의 주인공이 되어 왈츠에 취한 그대는
몰아쉬는 숨소리조차 아름다워라

잘츠카머구트

산으로 둘러싸인 호수를
바람은 행복한 호수라 했다

산 위의 흰 구름
대지는 초원의 빛으로
나무로 만든 집들이 호수 주변에 이어져 있다

작은 호수는
별빛에 반짝이는 안식의 마을로 하늘을 담고
맑은 호수는 영혼을 담아 살아 움직이고 있다

볼프강 호수 위에 비치는 달빛
그 뒤의 샤프산에서 빛나는 별빛을 바라본다

싱그런 바람에
풀잎의 향기와 나뭇잎의 노래가 들려온다

바람은 나무에게 속삭이고

별빛은 호수에 쏟아져 내리고
마주 앉은 사랑은 무언의 눈빛으로 고요를 즐긴다

사랑해
이 말 한 마디면 족하다

천년 세월 품은 호수가 있나니
겨울왕국에 침묵하고 봄 왈츠에 춤추네

호숫가를 가득 메운 잠자리 떼
호수를 나는 나비 떼
더 높이 나는 참새 떼

봄의 왈츠는 장엄한 교향곡이다

봄은 생명의 왈츠
짧은 시기에 많은 새 생명이 태어나 자라고
세대를 잇는다

봄은 숭고한 가치다
대를 잇는 존엄은 존경의 귀감이다

봄은 노래하며 춤추는 왈츠다

호수에 뛰노는 물고기
바람에 춤추는 나뭇잎
비에 눕는 풀잎

구름을 베개 삼아 호수에 잠들고
꿈꾸는 별들 사이로
은은한 달빛이 호수에 쏟아진다

고요는 밤의 친구 안식은 영혼의 친구다

적막
침묵의 시간이며 성찰의 시간이다

모든 생명에 휴식을 주나니
호수는 수천 년을 살아도 말없이 품고 베푼다

사계절이 반복되고
생명이 순환됨을 지켜보며 침묵한다

고요 위에 평화 안온 위에 자유

세상에서 가장 평온한 마을
산과 호수로 이루어진 동화마을
잘츠카머구트 지구라네

암스테르담

내 고향은
중앙아시아 파미르고원이라네

지금은 네덜란드 국화이며
네덜란드 하면 떠오르는 상징의 꽃이네

옛날 암스테르담 강가에 사는 처녀가
세 명의 청년에게 구혼을 받았다네

사랑의 징표로
지방 성주의 아들은 왕관을 바쳤으며
기사의 아들은 보검을 선물로
부유한 상인의 아들은 보석상자를 선물했네

선택의 갈림길에서 고민하던 처녀는
꽃의 신에게 부탁해 튤립이 되었다네

꽃은 왕관을

줄기와 잎사귀는 검을
뿌리는 보물상자를 뜻하네

꽃말은
사랑의 고백
영원한 사랑 당신을 저주합니다

암스털강의 댐이란 뜻을 지닌 암스테르담에 비가 내리고
노천카페에서 빗소리를 들으며
카푸치노 한 잔에 인생이 익는다

튤립이 아름다운 암스테르담은
앙증맞은 운하에 풍차가 돌아간다

운하와 풍차가 아기자기 이어져
물과 인간이 공존하는 운하의 도시다

땅이 물보다 높은 게 당연한 듯하나
이곳에서는 정반대다
운하에 배를 띄워 놓고
집으로 사용하는 수상 가옥이 일품이다

네덜란드 상징인 풍차와 잔세스칸스의 이국적인 풍경이
색다른 분위기를 선사한다

암스테르담의
아름다운 경치와 자유로운 분위기
박물관과 미술관 건축물로 유명한 예술의 도시다

렘브란트의 걸작과 빈센트 반 고흐의 해바라기
바뤼흐 스피노자를 만날 수 있는 곳이다

물은 생명수
우리는 물 아래서 사네

땅도 집도 자동차도 동물들도
모두 다 물 아래서 사네

강둑을 쌓고 없는 것은 다 만들어 산다네

자연에 순응하며 불굴의 개척정신으로
간척과 재생을 이루며
조화로운 삶을 살아간다네

암스테르담
우리는 이곳을 지상천국이라 하네

빈센트 반 고흐

예술은 품격을 높이고
품격은 지고한 예술을 지향한다

위대한 예술가로 위상이 높아지는 나라

우정을 함께 나누었던 고갱과 툴루즈 로트렉
사부로 모셨던 밀레

고흐는 가난하고 평범한 사람들의 삶을 진솔하게 그렸다

자신의 삶과 닮은 석유램프 불빛 아래서
감자 먹는 사람들

남프랑스 아를의 아침 해가 밝아오자
영감에 사로잡힌 고흐는
황금의 상징인 태양보다 강렬한 해바라기를 그렸지

12송이 해바라기에 영혼을 쏟아붓고

태양의 전설 황금의 꽃 해바라기를 완성했네

인생 모두를 걸고 미친 듯
불멸의 해바라기를 그렸지

지금은 무명으로 팔리지 않는 그림이지만
내 모든 것을 걸었기에
후세 사람들은 나의 진가를 알아보리라

희망 바라기
해바라기 꽃이여

난 사람들에게 복을 주고
부귀하게 하는 황금의 꽃 태양의 꽃이라네

먼 옛날
물의 요정과 태양 숭배 형제의 질투에 눈이 먼 여신이

규정을 어기고 살인과 질투심으로
해바라기가 되었다는 전설의 꽃

그 먼 곳 중앙아메리카에서
스페인에 갔다가 러시아로 건너가
다시 고향으로 회귀한 해바라기라네

난 어릴 적 태양 바라기
꽃이 필 무렵 홀로서기 하는
태양의 신으로 흠모받던 해바라기라네

바람에 희망을
구름에 종식을
간절히 간구하며 기도한다네

우크라이나 땅에 자유와 평화를
난 우크라이나 국화라네

별이 빛나는 밤
사이프러스 나무 위에 까마귀가 날아가네
내 영혼은 별이 되어 밀밭을 걸어가네

내 생전은 불운과 비극이었지만
사후에 사람들은 천재의 걸작품을 알아볼 테니

나는 현재 미쳤거나 시대를 앞선 천재라네

감자 먹는 사람들
아를의 붉은 포도밭
해바라기
별이 빛나는 밤
사이프러스 나무 위로 까마귀가 날아가네

쇤브룬 궁전

아름다운 샘
고귀한 우물이여

쇤브룬 궁전에서
마리아 테레지아의 사랑 이야기를 듣는다네

합스부르크의 꽃

공주 중의 공주여
내 사랑을 받아 주오

어느 날 공주는
프랑수아 에티엔과 사랑에 빠졌다네

다른 왕가의 왕자와 결혼 이야기가 오갔지만
공주는 오직 한 사람
프랑수아 에티엔만 사랑했네

오른손에는 사랑을 왼손에는 투쟁을
크고 작은 전쟁과 권력 다툼 모두 다 이겨 낸 후
합스부르크 왕가의 왕이 되었다네

마리아 테레지아 공주는
합스부르크 군주국의 유일한 여성 통치자이자
합스부르크 왕가의 마지막 군주였네

쉰브룬 궁전은
합스부르크 제국의 번영과 우월함을 상징하는
바로크 양식의 유산이라네

힘차게 쏟아져 내리는 분수
노래하는 새와 향기로운 꽃들

아름다운 궁전의 정원은
왕가의 강력한 위력을 상징하는 장소라네

그 위대한 역사의 현장에서
쉰브룬 궁전을 걷는 공주를 보았네

한 마리 새처럼 날고 싶었어라
한 마리 백마처럼 달리고 싶었어라

웅비의 대제국의 꿈도
내 사랑 프랑수아 에티엔만 못하니
나에겐 오직 내 사랑만 있으면 된다네

아름다운 쇤브룬 궁전에서
공주의 사랑 이야기를 듣는다네

오 노래하는 새여

사랑은 영원한 보석
사랑은 변하지 않는 태양
영원히 식지 않는 우리의 사랑은 별같이 빛나리니

마리아 테레지아 공주님
안녕

프라하 왈츠

ⓒ 박월복, 2025

초판 1쇄 발행 2025년 9월 10일

지은이	박월복
펴낸이	이기봉
편집	좋은땅 편집팀
펴낸곳	도서출판 좋은땅
주소	서울특별시 마포구 양화로12길 26 지월드빌딩 (서교동 395-7)
전화	02)374-8616~7
팩스	02)374-8614
이메일	gworldbook@naver.com
홈페이지	www.g-world.co.kr

ISBN 979-11-388-4685-1 (03810)

- 가격은 뒤표지에 있습니다.
- 이 책은 저작권법에 의하여 보호를 받는 저작물이므로 무단 전재와 복제를 금합니다.
- 파본은 구입하신 서점에서 교환해 드립니다.

프라하 왈츠는 2025 천안문화재단 문화예술지원금을 지원받은 사업입니다.